1001 Questions et 1001 Réponses

Le Ballon

Anciens tickets de cinéma

A Dorling Kindersley Book

Inhalateur d'éther

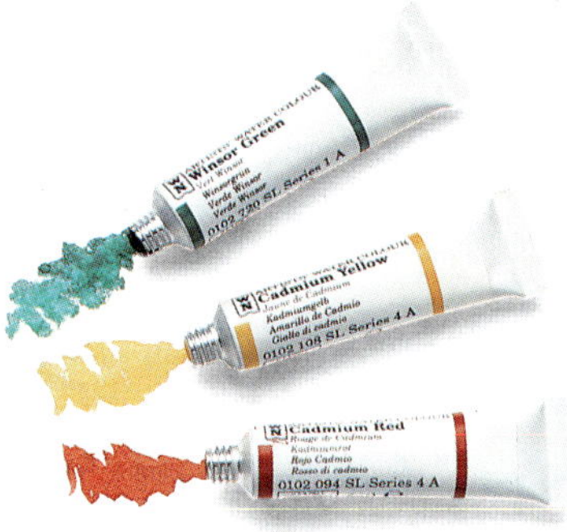

Tubes de peinture

Rédaction Helena Spiteri et David Pickering
Direction artistique Diane Clouting
Conception Susan St. Louis
Directrice de publication Julia Harris
Rédactrice en chef Gillian Denton
Production Catherine Semark
Illustrations Ola Rudowska
Conseillers éditoriaux Neil Ardley, Ted Hart, Ann Kramer, Richard Platt et Barbara Taylor
Traduit en français par Ingrid Bonnevie

Titre original: '1001 Questions & Answers', Dorling Kindersley Limited, London

Gargouille

Sac péruvien

Scannérisation couleur par Colourscan, Singapour
Impression: Toppan, Singapour

ISBN 90 374 2374 4
D-MCMXCVI-4969-138

Le télescope de Newton

Un rat faisant sa toilette

Table des matières

Nature

Casside

Disques compacts

Sciences & inventions

Sifflet d'arbitre

Histoire

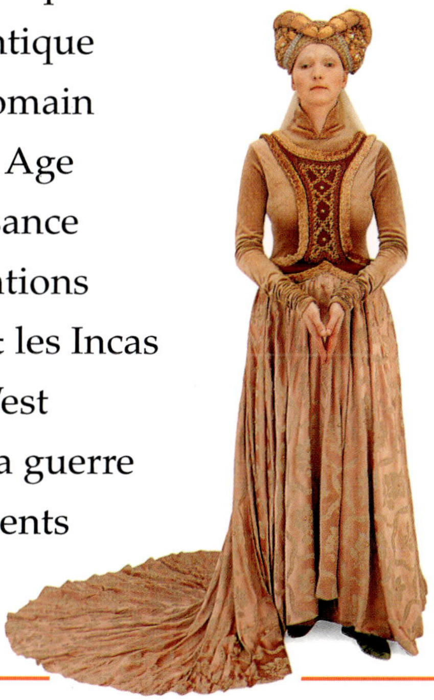

Femme du XVe siècle

Sports & loisirs

La préhistoire

Q 1. Les différents continents ont-ils autrefois formé un ensemble?

Q 2. Pendant combien d'années les dinosaures ont-ils existé: environ 65, 165 ou 265 millions d'années?

La vie animale a commencé il y a environ 1.000 millions d'années. A cette époque, les eaux étaient peuplées de nombreuses créatures au corps mou. Ces créatures donnèrent naissance aux poissons à squelette osseux interne, eux-mêmes à l'origine des premiers amphibiens capables de se déplacer sur la terre ferme et de respirer. Ensuite vinrent les reptiles et notamment les dinosaures. Comme les lézards d'aujourd'hui, les dinosaures avaient la peau couverte d'écailles et pondaient des œufs. C'est grâce aux fossiles de la préhistoire que nous pouvons retracer l'histoire de notre planète.

Crâne de styracosaurus

Feuilles de ginkgo

Q 14. Le terme '*styracosaurus*' désigne-t-il un saurien vampire, un saurien à piquants ou un chasseur à cornes?

Q 15. Ces os de la colonne vertébrale soutenaient-ils des piquants, des écailles ou une nageoire dorsale?

Q 3. Quelle grande évolution de la flore eut lieu à l'âge des dinosaures?

Q 8. Quels animaux contemporains mangeurs d'hommes ressemblent aux dinosaures?

Fossile d'une carapace de tortue

Q 9. Quand les dinosaures disparurent-ils: il y a 35, 65 ou 95 millions d'années?

Q 4. Le terme 'dinosaure' signifie 'chasseur squamifère'. Vrai ou faux?

Patte d'iguanodon

Q 10. Parmi ces groupes de reptiles, lequel est le plus ancien: celui des tortues, des lézards ou des serpents?

Q 11. A quel animal actuel l'*iguanodon* doit-il son nom?

Q 5. Combien de cornes le *tricératops* avait-il sur la tête?

Q 12. Comment appelle-t-on la résine ayant durci pendant plusieurs millions d'années?

Q 6. Le terme 'dinosaure' fut-il inventé en 1792, 1842 ou 1892?

Q 13. Le cerveau du *stégosaure* avait-il la taille d'une noix, d'une pomme ou d'un melon?

Q 7. Comment s'appelle le premier oiseau connu: un *ptérosaurien*, un *ptérodactyle* ou un *archæoptéryx*?

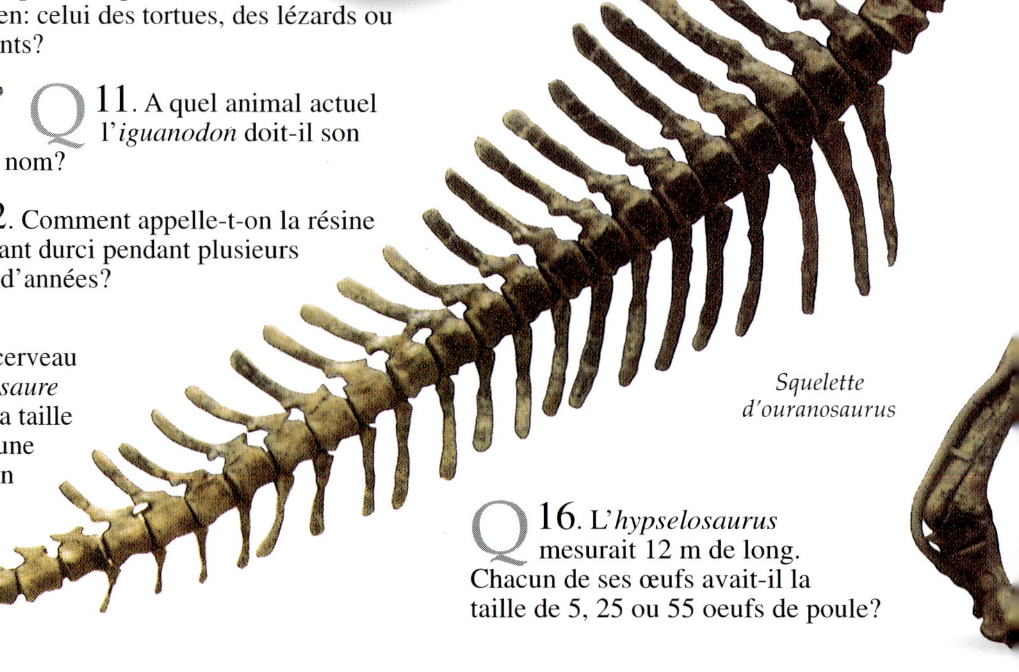
Squelette d'ouranosaurus

Q 16. L'*hypselosaurus* mesurait 12 m de long. Chacun de ses œufs avait-il la taille de 5, 25 ou 55 oeufs de poule?

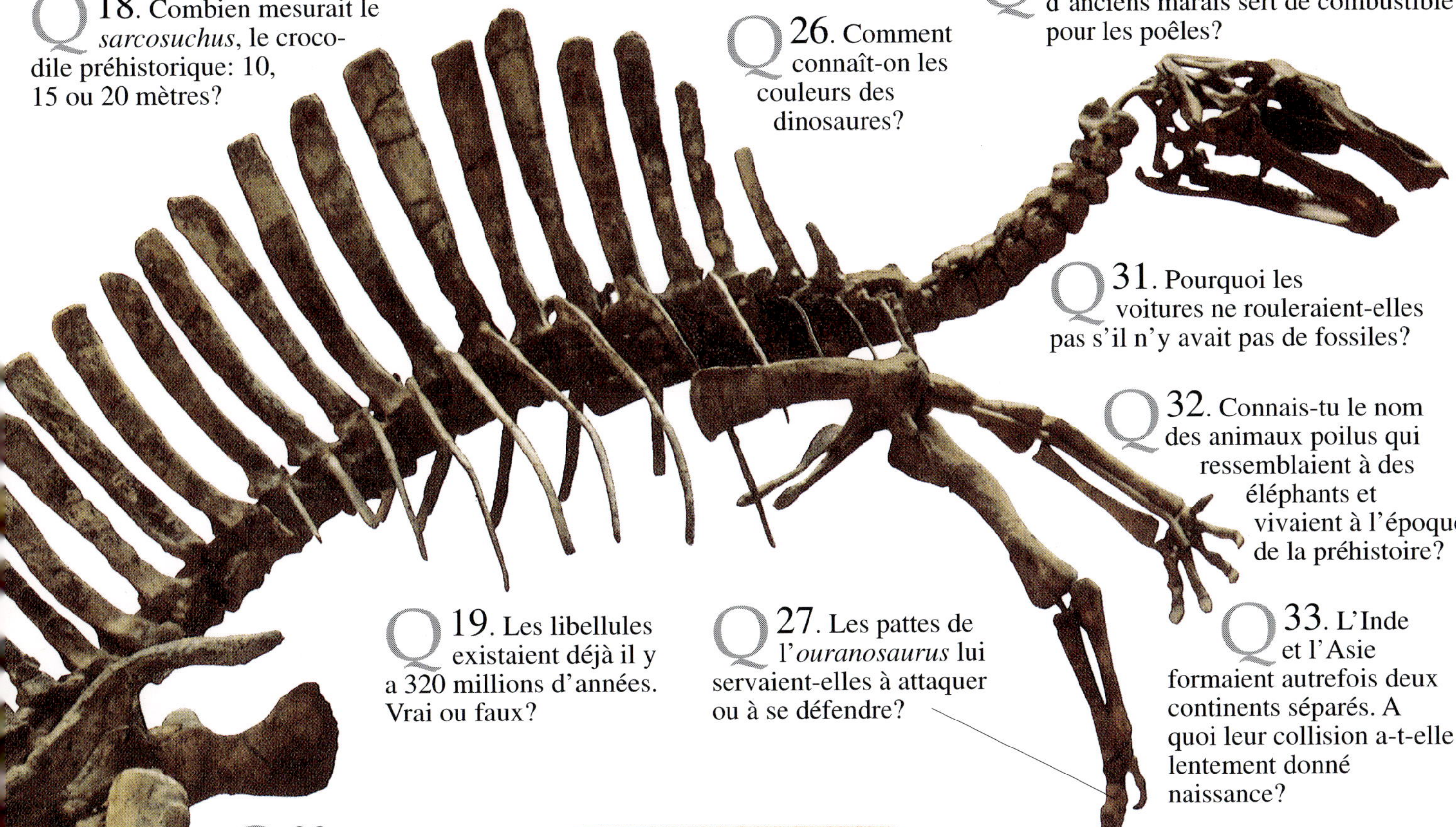

Q 17. L'*hyracotherium*, le premier cheval, avait-il la taille d'un chat, d'un chien ou d'un cerf?

Q 18. Combien mesurait le *sarcosuchus*, le crocodile préhistorique: 10, 15 ou 20 mètres?

Q 19. Les libellules existaient déjà il y a 320 millions d'années. Vrai ou faux?

Q 20. Quel nom de dinosaure signifie 'saurien tyran'?

Q 21. Dans quel film Steven Spielberg ressuscite-t-il des dinosaures?

Fossile d'une libellule

Q 22. Quel dinosaure volant avait une envergure de 7 m: le *valdoraptor*, le *kronosaurus* ou le *ptéranodon*?

Q 23. Le *stethacantus*, ou requin préhistorique, avait-il de petites dents sur le ventre ou sur la tête?

Q 24. Le *scelidosaurus* était-il carnivore ou herbivore?

Q 25. Le *cœlacanthe* (poisson) fut découvert dans l'océan Indien en 1938. Pourquoi cette découverte surprit-elle les scientifiques?

Q 26. Comment connaît-on les couleurs des dinosaures?

Q 27. Les pattes de l'*ouranosaurus* lui servaient-elles à attaquer ou à se défendre?

Q 28. Lucy est une femme de 3 millions d'années, dont on découvrit les restes en Ethiopie. Quelle chanson pop porte son nom?

Q 29. Dans quelle série télévisée américaine de dessins animés (existe aussi en film), une famille préhistorique joue-t-elle le rôle principal?

Q 30. Quelle substance provenant d'anciens marais sert de combustible pour les poêles?

Q 31. Pourquoi les voitures ne rouleraient-elles pas s'il n'y avait pas de fossiles?

Q 32. Connais-tu le nom des animaux poilus qui ressemblaient à des éléphants et vivaient à l'époque de la préhistoire?

Q 33. L'Inde et l'Asie formaient autrefois deux continents séparés. A quoi leur collision a-t-elle lentement donné naissance?

Q 34. Combien de membres possède un tétrapode?

Q 35. Les dinosaures sont-ils les plus grands animaux ayant jamais vécu?

Q 36. Dans quel pays a-t-on découvert le plus de restes de dinosaures?

Q 37. On a exhumé des hippopotames préhistoriques sous Trafalgar Square à Londres. Vrai ou faux?

Scelidosaurus

Les reptiles

Couleuvre du Roi

Q38. Quel est le plus grand reptile du monde?

Q39. Le reptile ayant vécu le plus longtemps était une tortue terrestre. A-t-elle vécu 92, 122 ou 152 ans?

Q40. Le serpent de gauche est-il venimeux?

Q41. Où trouve-t-on le serpent le plus venimeux du monde: en Afrique, en Amérique du Sud ou en Australie?

Q42. Combien mesure le plus petit reptile du monde: 8 ou 18 mm de long?

Q43. L'homme possède 24 vertèbres. Combien le serpent peut-il en avoir: 200, 300 ou 400?

Q44. La durée de la couvaison des œufs de serpent varie-t-elle en fonction du degré d'humidité ou de la température?

Serpent ratier d'Amérique du Nord sortant de son œuf

Q45. Quel reptile trouve-t-on dans une fable d'Esope racontant une course entre un animal rapide et un animal lent?

Q46. Par quel caractère la tortue musquée est-elle connue?

Gecko dirume de Madagascar

Q47. Est-ce qu'un varan de Komodo est un lézard, une tortue ou un serpent?

Q48. L'estomac du crocodile a-t-il la taille d'une boîte à tartines, d'un ballon de basket ou d'un bidon d'essence?

Q49. Le tuatara de Nouvelle-Zélande est un lézard avec des yeux bizarres. Combien en a-t-il?

Crocodile

Q50. Qu'est-ce qui caractérise les caméléons?

Q51. Les reptiles sont-ils des animaux à sang chaud?

Q52. La plus grande tortue découverte pesait 961 kg. Etait-ce une tortue bourbeuse d'Afrique, une tortue à cou de serpent ou une tortue cuir?

Q53. Pourquoi le lézard agile du désert namibien 'danse-t-il'?

Q54. A part les crocodiles, les caïmans et les gavials (crocodiles à mâchoires en forme de bec), quels autres reptiles font partie de la famille des crocodiles?

Q55. Pourquoi les geckos sont-ils souvent les bienvenus dans les maisons?

Q56. Quel est le serpent qui a les crochets les plus longs: le cobra, la vipère ou le serpent à sonnettes?

Q57. Combien de temps faut-il à une tortue élégance pour aller d'une extrémité d'un terrain de football à l'autre: 30 minutes, 45 minutes ou 1 heure?

Q58. Quel reptile détient le record du monde de vitesse sur la terre: le lézard ou le serpent?

Tortue élégance

Les amphibiens

Q 59. Dans une fable, une princesse embrasse un crapaud. Qu'arrive-t-il ensuite?

Crapaud vert

Q 60. Comment le crapaud vert tient-il ses ennemis à distance?

Q 61. Où pondent les grenouilles: dans l'eau ou sur la terre?

Têtards

Q 62. Est-ce que le gymnophione est un amphibien?

Q 63. Lequel de ces deux animaux a généralement une peau douce et humide: la grenouille ou le crapaud?

Q 64. Pourquoi les grenouilles clignent-elles des yeux quand elles avalent?

Q 65. Qu'est-ce que le pipa a de si curieux?

Q 66. Le poison à l'action la plus rapide provient de la peau du dendrobates doré d'Amérique du Sud. Le poison d'une seule de cette espèce de grenouille peut-il tuer 500, 1.000 ou 1.500 personnes?

Q 67. Dans quelle fable de La Fontaine trouve-t-on des grenouilles?

Ambystoma tigrirum

Q 68. Où les salamandres construisent-elles leur nid d'après les légendes?

Q 69. Qu'est-ce qu'une ménopome: une grenouille, un crapaud ou une salamandre?

Œufs de grenouille

Q 70. Qu'ont les salamandres, les tritons et les sirènes que les autres amphibiens n'ont pas?

Q 71. Combien de moustiques le dactylèthre nain (de la taille d'une cacahuète) peut-il manger en une nuit: 60, 80 ou 100?

Q 72. Quel âge ont ces têtards: 4, 6 ou 8 semaines?

Q 73. Comment le dendrobates doré montre-t-il à ses ennemis qu'il est venimeux?

Dendrobates

Q 74. Quels plongeurs humains emprun-tent leur nom aux amphibiens?

Q 75. Dans quelle émission télévisée trouve-t-on une gre-nouille aimée par un cochon?

Q 76. La plus grande grenouille du monde doit-elle son nom à Goliath, Hercule ou Atlas?

Q 77. Le terme 'amphibien' vient du grec et signifie 'à double vie'. Pourquoi les amphibiens portent-ils ce nom?

Q 78. Le record de saut en longueur des grenouilles est-il de 3, 5 ou 7 mètres?

Grenouille européenne commune en chasse

Q 79. Toutes les grenouilles peuvent-elles sauter?

L'univers marin

Poisson gracieux

Q 80. Est-ce que le poisson de gauche est une morue ronde ou un poisson-perroquet?

Q 81. Quel est le plus grand habitat des animaux sauvages?

Q 82. Quel cétacé a une corne sur le front?

Q 83. Quel sélacien s'attaque parfois aux hommes?

Q 84. Quel est le plus intelligent des cétacés?

Q 85. A quoi les longues défenses du morse lui servent-elles?

Q 86. Quelle méduse donne les piqûres les plus douloureuses?

Q 87. La plupart des poissons ont un squelette osseux interne. Le squelette du requin est-il formé d'os?

Q 88. Est-ce que les éponges marines sont des animaux ou des plantes?

Hippocampe mâle

Q 93. Dans quelle histoire célèbre de Lewis Caroll trouve-t-on un morse?

Poisson-globe gonflé

Q 94. Existe-t-il des poissons volants?

Q 95. Qu'est-ce que les hippocampes mâles ont de si particulier?

Q 96. Est-ce qu'un homard a des os?

Q 97. Combien de tonnes d'algues marines les baleines bleues mangent-elles par jour: 4, 6 ou 8?

Q 98. Qu'arrive-t-il aux crabes quand leur coquille devient trop petite?

Mouvement d'un dauphin qui nage

Q 89. Les phoques peuvent-ils dormir sous l'eau?

Q 90. Comment les calmars saisissent-ils leur proie et la tuent-ils?

Q 91. Quelle pieuvre est la plus mortelle?

Q 92. Pourquoi la pieuvre, le calmar et la seiche font-ils jaillir de l'encre?

Q 99. Quelle différence y a-t-il entre un requin et un dauphin?

Q 100. Quel est l'un des plus petits poissons: le pandaka libwilli des Philippines ou l'épinoche?

Q 101. Quel est le poisson d'eau douce le plus féroce?

Q 102. Comment l'étoile de mer se nourrit-elle?

Q 103. Quel poisson pond le plus d'œufs: le poisson-lune, le poisson-clown ou le pantadon?

Q 104. Quel cétacé peut chasser jusque sur la terre?

Grand requin blanc

Q 115. Lequel est le plus long des deux: le cachalot ou le grand calmar?

Q 116. Est-ce que le dauphin est un pinnipède?

Q 105. Comment l'ange de mer échappe-t-il à un prédateur affamé?

Q 106. Comment appelle-t-on plusieurs poissons qui nagent ensemble?

Q 117. Combien de rangées de dents a le grand requin blanc?

Q 118. Pourquoi le poisson-chat a-t-il des moustaches?

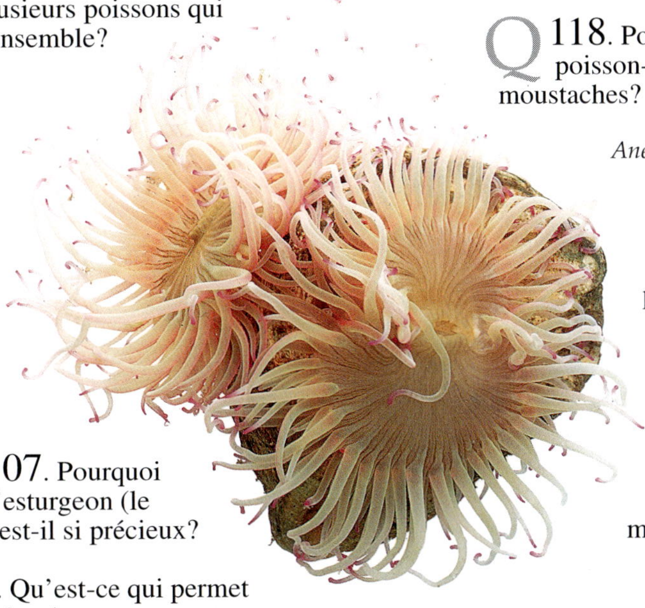

Anémone de mer

Q 119. Quel poisson a la plus longue gueule: le poisson-épée (appelé aussi espadon) ou le poisson-scie?

Q 120. Comment l'anémone de mer chasse-t-elle et se défend-elle?

Q 107. Pourquoi l'esturgeon (le sterlet) est-il si précieux?

Q 108. Qu'est-ce qui permet aux cétacés, aux morses, aux phoques et aux otaries d'avoir chaud?

Q 109. Pourquoi considère-t-on souvent les requins comme des animaux primitifs?

Q 110. Pourquoi le poisson-globe se gonfle-t-il comme un ballon?

Q 111. Quel est le signe du zodiaque qui précède les Poissons et celui qui le suit?

Q 112. Quel poisson peut sauter hors de l'eau pour attraper sa proie: l'archer-cracheur ou la lotte de mer?

Q 113. Combien de temps le bénitier géant peut-il vivre?

Q 114. Quels poissons peuvent aller sur la terre et y respirer de l'air frais?

Q 121. Quel crustacé aime déménager?

Q 122. Que se passe-t-il lorsqu'on marche sur une scorpène (appelée aussi rascasse)?

Bénitier

Les canidés

Q 123. Quel loup n'en est pas un?

Q 134. Comment font les chiens pour se faire les plus grands possible?

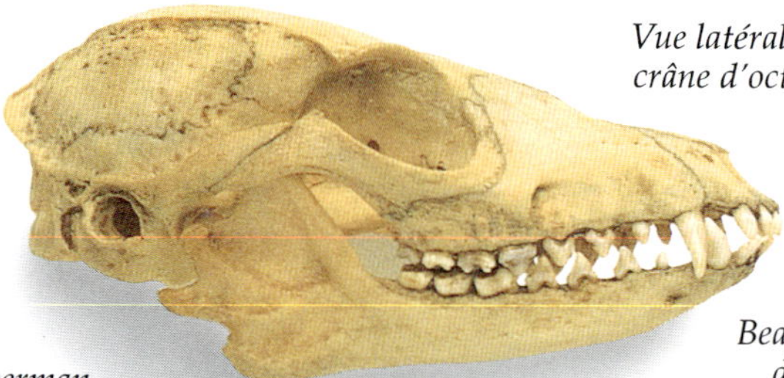

Vue latérale d'un crâne d'octocyon

Beagle en train de renifler

Un doberman obéissant

Q 124. Il existe plus de 600 races de chiens. Vrai ou faux?

Q 125. Qu'exprime le chien quand il baisse les oreilles?

Q 126. Connais-tu le nom du chien de Mickey Mouse?

Q 127. Quel est la race de chiens la plus ancienne du monde: les dingos, les teckels ou les lévriers à poil ras?

Laisse et collier de chien

Q 128. Qu'est-ce que du chiendent?

Q 129. Quelle histoire célèbre de Sherlock Holmes porte le nom d'un chien?

Q 130. Les renards chassent-ils en groupe ou seuls?

Q 131. Quel est le plus petit membre de la famille des renards: le fennec ou le renard bleu?

Q 132. Quel chien n'en est pas un?

Q 133. Comment s'appelait le premier chien dans l'espace: Lassie, Laïka ou Lulu?

Loup à crinière

Q 135. Quel est le sens le plus développé du chien?

Q 136. Quelle est l'étoile que les chiens regardent le plus souvent: Véga, le Centaure ou Sirius?

Q 137. Quelle est la particularité la plus étonnante du loup à crinière?

Q 138. Comment appelle-t-on la femelle du renard?

Q 139. Pourquoi les limiers aimeraient-ils avoir un bon opticien?

Q 140. Quel est le nom des deux frères nourris par une louve, fondateurs d'une grande ville?

Q 141. Quel âge a ce renardeau: 6, 10 ou 14 semaines?

Renardeau

Q 142. Quelle est la plus grande superficie dans laquelle une meute de loups peut s'installer: 100, 500 ou 1.000 km²?

Les félins

Chat endormi

Q 143. Combien d'heures par jour dort un chat: 8, 12 ou 16 heures?

Q 144. Quel félin le héros grec Hercule tua-t-il?

Q 145. Quel est le félin le plus rapide du monde?

Q 146. Quel félin n'a pas de queue?

Q 147. Quel roman célèbre porte le nom d'un félin?

Q 148. Quelle est la principale caractéristique qui distingue le lion des autres félins?

Q 149. Pourquoi les lions vivent-ils en troupe?

Q 150. Qui se nourrit le premier: le lion ou la lionne?

Q 151. Quel est le seul félin qui ne peut pas rentrer ses griffes?

Lion d'Afrique

Q 152. Quelle célèbre comédie musicale porte le nom d'un félin?

Q 153. Quel signe du zodiaque porte le nom d'un félin?

Q 154. Quel félin peut vivre le plus longtemps sans eau: le lynx d'Amérique, le chat des sables ou un matou?

Q 155. Où eut lieu la première grande exposition de félins: à Londres, Paris ou New York?

Q 156. Lequel de ces deux félins est le plus grand: le tigre ou le lion?

Tigre du Bengale

Léopard en train de rugir

Q 157. Quel autre nom porte le léopard noir?

Q 158. Qu'est-ce que les Mochicas du Pérou auraient fait avec ce puma en or?

Puma en or

Q 159. Quel chat célèbre, rusé et magique, Charles Perrault créa-t-il?

Q 160. Comment s'appelle le tigre dans 'Le Livre de la jungle'?

Q 161. Dans quelle civilisation antique l'homme pensait-il que le chat était un animal sacré?

Q 162. Les léopards rugissent-ils?

Chat d'Abyssinie

Q 163. Quelle est la plante préférée des chats?

Les mammifères

Chauve-souris suspendue

Q 164. Les chauves-souris sont-elles aveugles?

Q 165. Comment appelle-t-on l'hybride femelle de l'âne et de la jument?

Q 166. Pourquoi les saïmiris ont-ils une si longue queue?

Q 167. Que fait le hérisson quand il a peur?

Hérisson

Q 168. Quel éléphant n'en est pas un?

Q 169. Les loutres de mer peuvent-elles dormir dans l'eau?

Q 170. Quelle est la différence entre l'éléphant d'Afrique et l'éléphant d'Asie?

Q 171. Comment le porc-épic se défend-il quand il est en danger?

Q 172. En quelle matière sont les défenses d'un éléphant?

Q 173. Quelle est la nourriture favorite des koalas?

Q 174. Qu'est-ce qu'un mammifère?

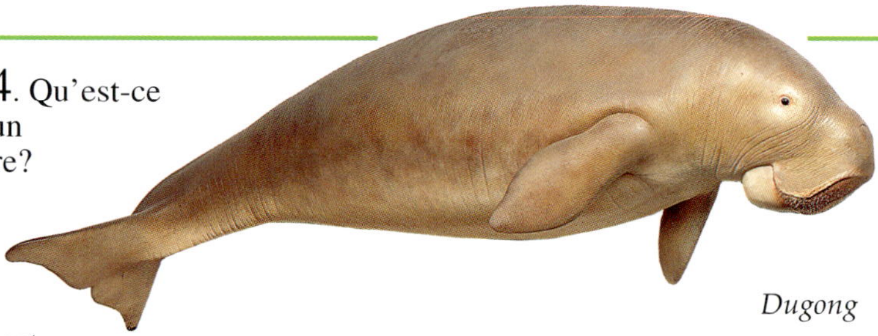

Dugong

Q 175. Quel singe est capable de fabriquer ses propres outils?

Q 176. Pourquoi faut-il ferrer les chevaux?

Q 177. Combien de temps le loir hiberne-t-il: 2, 4 ou plus de 6 mois?

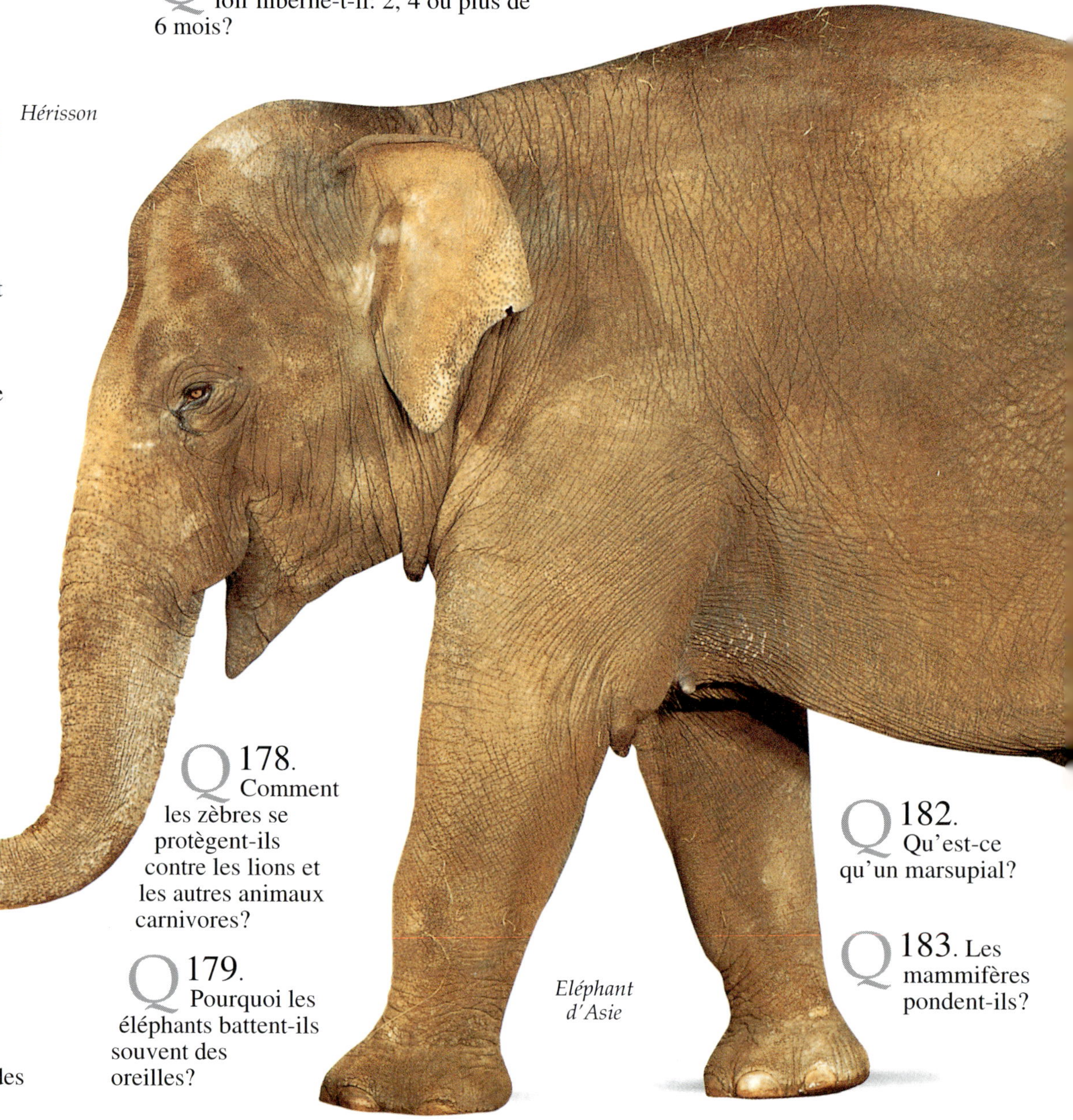

Eléphant d'Asie

Q 178. Comment les zèbres se protègent-ils contre les lions et les autres animaux carnivores?

Q 179. Pourquoi les éléphants battent-ils souvent des oreilles?

Q 180. Quel autre nom donne-t-on aux dugongs et aux lamantins?

Q 181. Combien de temps dure la gestation d'un éléphant: 12, 18 ou 22 mois?

Q 182. Qu'est-ce qu'un marsupial?

Q 183. Les mammifères pondent-ils?

Q 184. Sur quel continent trouve-t-on des chinchillas?

Q 185. Quel mammifère mange, dort et se reproduit dans le sol?

Rat faisant sa toilette

Palomino avec bride et selle de style Western

Q 186. A quelle fréquence une rate peut-elle avoir des petits: toutes les 4, 6 ou 8 semaines?

Q 197. Les chauves-souris sont les seuls mammifères qui peuvent voler. Vrai ou faux?

Q 187. Que mangent les animaux herbivores?

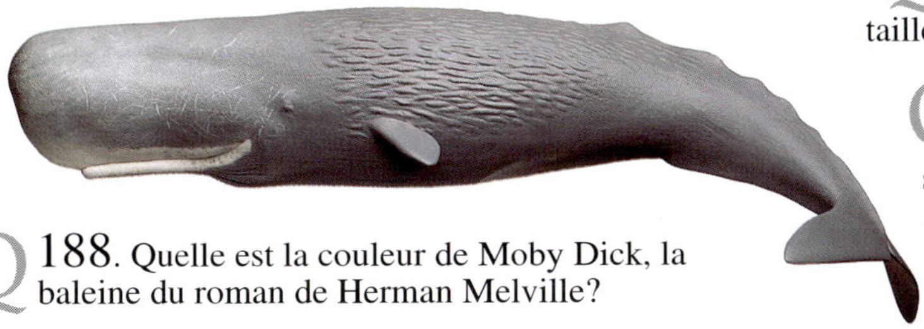

Cachalot

Q 198. Comment mesure-t-on la taille d'un cheval?

Q 199. Comment s'appelle le petit du lièvre?

Q 188. Quelle est la couleur de Moby Dick, la baleine du roman de Herman Melville?

Q 189. Lequel de ces deux animaux est le plus proche de l'homme: le chimpanzé ou le babouin?

Q 200. Que fait une mouffette quand on l'attaque?

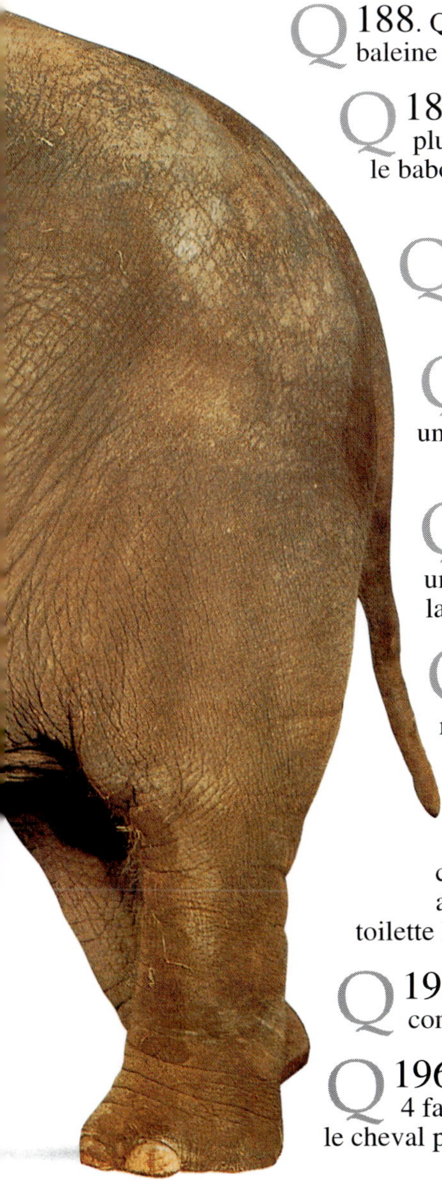

Q 190. Pourquoi le panda géant est-il menacé d'extinction?

Q 201. Quel grand mammifère poilu passe toute la journée suspendu dans la forêt équatoriale d'Amérique du Sud?

Q 191. Le singe est-il un primate?

Q 202. Dans quel pays trouve-t-on le plus d'éléphants: au Zaïre ou en Libye?

Q 192. Quel animal vit dans un terrier: le rat ou le lapin?

Q 193. Quel est le plus petit mammifère?

Q 194. Pourquoi certains mammifères aiment-ils se faire la toilette l'un à l'autre?

Q 195. Comment le hamster conserve-t-il sa nourriture?

Q 196. Quelles sont les 4 façons différentes dont le cheval peut se déplacer?

Ours noir

Q 203. Comment les cervidés mâles défendent-ils leur territoire?

Q 204. Lequel de ces deux animaux est le plus grand cervidé: l'élan ou le caribou?

Q 205. Les ours savent-ils nager?

Q 206. Que construisent les castors?

Q 207. Quelle est la couleur de la fourrure de la belette dans le froid et la neige?

Les oiseaux

Œuf de guillemot de Troïl

Œuf de rouge-gorge

Q 208. Quel oiseau pond les plus gros œufs?

Q 209. Quel oiseau a le plus de plumes: l'aigle, le cygne, le canard ou l'émeu?

Q 210. Quel oiseau a des yeux sur la queue?

Q 211. Pourquoi certains hiboux ont-ils une oreille plus haute que l'autre?

Q 212. Le ganga peut porter de l'eau pour ses petits en parcourant 30 km dans le désert. Où la conserve-t-il?

Q 213. Quels animaux mortels le secrétaire à longues pattes dévore-t-il?

Aile de canard souchet

Q 214. L'air se déplace-t-il plus vite au-dessus ou en dessous de l'aile d'un oiseau?

Q 215. A quelle fréquence battent les ailes d'un colibri: 60, 90 ou 120 fois par seconde?

Q 216. Jusqu'à quelle altitude un oiseau peut-il voler: 11, 14 ou 17.000 m?

Q 217. Avec laquelle de ces substances les salanganes fabriquent-elles leur nid: de la fiente, de la soie ou de la salive?

Nid de rouge-queue à front blanc

Faucon lanier

Q 218. Le plus rapide des animaux vivants est un faucon, lequel?

Q 219. Quel oiseau peut rester dans le ciel pendant au moins dix ans sans interruption: l'albatros, la sterne ou le goéland?

Q 220. Quelle espèce d'oiseau verrait plus de lumière du jour que tous les autres animaux: le gerfaut, le tourmentin ou la sterne du pôle Nord?

Q 221. Quel oiseau de quelle couleur est le symbole de la paix?

Q 222. Le coeur d'un rouge-gorge bat-il 400, 500 ou 600 fois par minute?

Q 223. Quel est l'oiseau qui a le plus long bec: la cigogne, le pélican, le pingouin ou le pic?

Q 224. Quel est le plus petit oiseau du monde: le troglodyte mignon ou le calypte d'Hélène?

Q 225. Est-ce Icare ou Achille qui, d'après la mythologie grecque, alla trop près du soleil?

Q 226. Est-ce le manchot empereur, le manchot royal ou le manchot-gentoo qui fait éclore ses œufs debout en Antarctique?

Q 227. En 1814, il y avait encore plusieurs milliards de pigeons migrateurs. Combien en restait-il en 1914?

Squelette d'oiseau

Q 228. La plupart des os des oiseaux sont-ils creux ou massifs?

Q 229. Quel oiseau a la plus grande envergure: l'aigle, le condor ou l'albatros?

Q 230. Qu'est-ce qui rend le pluvier torbec si unique?

Les insectes & autres petits animaux

Q231. Les indiens Kayapos du Brésil ont organisé leur société en s'inspirant d'un insecte qui, d'après eux, vit en parfaite harmonie. De quel insecte s'agit-il?

Q232. Combien de paires de chaussures faudrait-il à une araignée?

Casside

Papillon de nuit de Madagascar

Q233. Comment appelle-t-on les coléoptères qui font l'effet d'une arme à feu: des canonniers ou des bombardiers?

Q234. Comment appelle-t-on un type de charançon particulier avec un très long cou?

Q235. Dans quel pays trouve-t-on l'araignée la plus venimeuse du monde: en Australie, en Chine ou au Brésil?

Abeille mâle

Q236. Les abeilles ouvrières sont-elles des mâles ou des femelles?

Q237. Quel arachnide peut rester près d'une année sans absorber de nourriture?

Q239. Quel tissu de luxe est fabriqué par des mites?

Q240. Le scarabée nasicorne est sans doute l'animal le plus robuste du monde. Combien de fois peut-il porter son propre poids sur le dos: 250, 550 ou 850 fois?

Hanneton des roses

Q241. Pourquoi les mites sont-elles attirées par une forte luminosité?

Q242. Combien mesure la plus petite araignée: 2,4, 1,4 ou 0,4 mm de long?

Q243. Lequel de ces deux coléoptères est l'un des plus grands de son espèce: le Goliath ou l'arlequin de Cayenne?

le Goliath

Papillon citron

Q244. Ce papillon a un motif caché sur les ailes. Comment peut-on le voir?

Q245. En quoi les chenilles se transforment-elles?

Q246. Les toiles de la néphile sont très solides. Les utilise-t-on pour en faire de la corde, des tapis ou des filets de pêche?

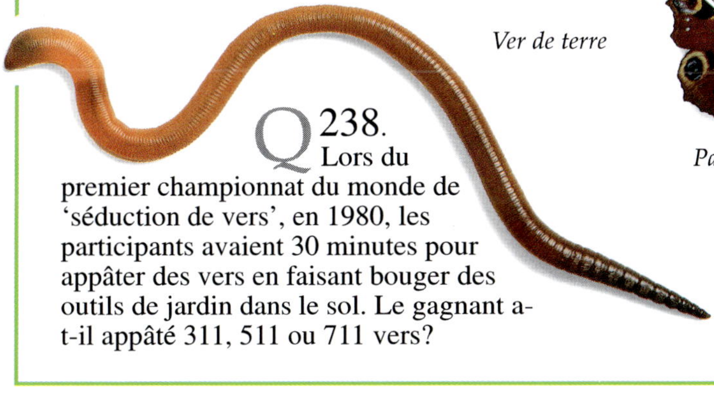

Ver de terre

Q238. Lors du premier championnat du monde de 'séduction de vers', en 1980, les participants avaient 30 minutes pour appâter des vers en faisant bouger des outils de jardin dans le sol. Le gagnant a-t-il appâté 311, 511 ou 711 vers?

Paon-de-jour

Q247. Pourquoi les vers luisants brillent-ils?

Thomise

Q248. La circonférence de la plus grande toile d'araignée mesurait-elle 4, 6 ou 8 m?

Les fleurs et les plantes

Q 249. Quel est le nom familier du liseron?

Pommes mûres

Q 257. Quelle fleur en forme de calice cultive-t-on en abondance aux Pays-Bas?

Coupe transversale d'un chêne

Q 258. Le chêne est-il un arbre feuillu ou un conifère?

Q 264. Est-ce que l'araucaria est un arbre, un fruit ou une fleur?

Q 265. Comment appelle-t-on le processus selon lequel les plantes se servent de l'énergie solaire pour transformer des éléments minéraux en nourriture?

Pomme de pin

Q 250. Lequel de ces fruits secs peut-on manger: le marron ou la châtaigne?

Q 251. Que deviennent les arbres feuillus en automne?

Q 252. Est-ce que le cèdre est un arbre feuillu ou un conifère?

Q 253. Comment appelle-t-on un nouveau jet qui pousse sur la souche, la tige ou le tronc d'un arbre?

Q 254. Combien de fois par an fleurissent les plantes annuelles?

Q 255. Utilise-t-on des plantes dans l'industrie cosmétique?

Q 256. Quelle partie de l'érable à sucre produit du sirop d'érable?

Iris à pétales pendants

Les lignes colorées indiquent aux abeilles où se trouve le nectar

Q 259. Toutes les plantes fleurissent-elles?

Q 260. Comment appelle-t-on l'organe reproducteur mâle des fleurs?

Q 270. Comment appelle-t-on l'organe reproducteur femelle des fleurs?

Q 266. Les pommes de pin s'ouvrent-elles par temps sec ou humide?

Q 267. Quel est le plus grand arbre du monde?

Q 268. Quelle partie du tournesol est comestible?

Q 269. Pourquoi certaines personnes attrapent-elles le rhume des foins?

Marguerite

Q 261. Quel est l'arbre le plus vieux: le cheveu-de-Vénus, le magnolia ou le mimosa?

Q 262. Quel peuple fut le premier à produire du chocolat à partir de la fève de cacao: les Aztèques ou les Egyptiens?

Q 263. Comment les cactus survivent-ils dans les endroits les plus secs de la terre?

Erable à sucre

Coupe transversale de la tige d'un cactus

Q 271. Cette marguerite est une fleur composée. Vrai ou faux?

Q 272. A quoi sert le tissu ligneux: à alimenter la plante en eau et en minéraux ou à stocker des graines?

Aster rose

Q 273. Qu'est-ce que la pollinisation?

Q 274. Où trouve-t-on généralement cet aster: dans le désert, à la côte ou dans les prés?

Q 275. Quelle est la plus grande fleur du monde végétal?

Narcisse

Q 276. Qu'est-ce que le nectar?

Q 278. Comment appelle-t-on la substance gluante des conifères?

Q 279. Comment appelle-t-on le pigment vert des feuilles?

Feuille d'érable du Japon

Parties d'une fleur

Q Connais-tu le nom des différentes parties de ce tournesol?

Tournesol

Coupe longitudinale d'un tournesol

Q 277. Que se passe-t-il après que les fleurs ont été pollinisées?

Q 287. Quelle plante à bulbe est censée éloigner les vampires?

Lys

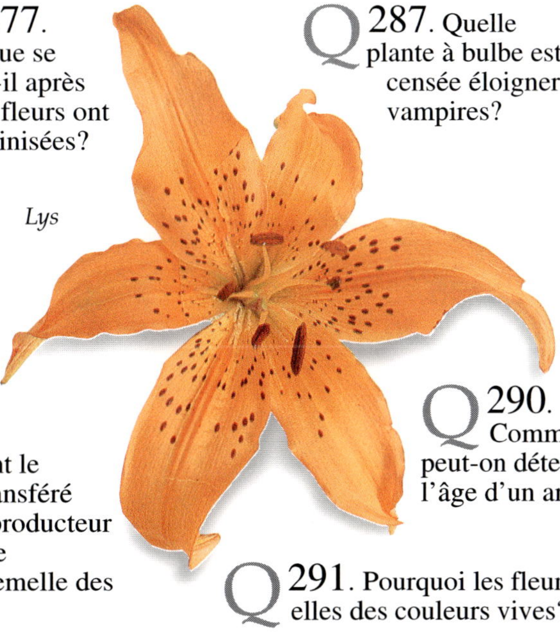

Q 280. Comment le pollen est-il transféré de l'organe reproducteur mâle à l'organe reproducteur femelle des fleurs?

Q 290. Comment peut-on déterminer l'âge d'un arbre?

Q 291. Pourquoi les fleurs ont-elles des couleurs vives?

Q 281. Quelle est la différence entre une feuille simple et une feuille composée?

Q 282. Les fleurs sont-elles plus parfumées le jour ou la nuit?

Amanite tue-mouches

Q 283. Ce champignon aide-t-il l'arbre à côté duquel il pousse ou constitue-t-il une nuisance?

Q 284. Comment certaines plantes se protègent-elles contre les animaux affamés?

Q 285. Qu'est-ce qu'une forêt vierge?

Q 286. Quel arbre porte des glands?

Glands

Q 288. Qui était le dieu grec des bois et des troupeaux de moutons?

Q 289. Existe-t-il des plantes qui mangent les insectes?

Gerbera

L'Egypte antique

Comprendre le passé enrichit le présent. L'histoire du royaume des pyramides est plus fascinante que toutes les autres. Les trésors d'Egypte dataient déjà quand Rome n'était qu'un village. Aujourd'hui encore, ils sont une source d'inspiration pour le monde entier. Comme le dit un proverbe: 'Le temps se moque de tout, mais les pyramides se moquent du temps'.

Statue d'un prêtre

Q 297. Qu'est-ce qu'une momie dans l'Egypte antique?

Q 298. Qui étaient les pharaons?

Sarcophage de madame Takhenmes

Q 303. Enterrait-on les pharaons sur la rive ouest ou est du Nil?

Q 304. Pourquoi les prêtres égyptiens se rasaient-ils la tête?

Q 305. Taweret, la déesse de la Naissance, était-elle représentée sous la forme d'une femelle hippopotame, d'une cigogne ou d'une chatte, chacune étant pleine?

Bracelet représentant le dieu Horus

Q 299. Quelle partie du corps du dieu Horus devint un symbole de protection: sa main, son cœur ou son œil?

Q 300. Le livre égyptien des morts était-il une compilation de formules magiques ou une liste des pharaons défunts?

Q 301. Les Egyptiens n'avaient pas de papier. Qu'utilisaient-ils à la place: du parchemin ou du papyrus?

Q 302. Connais-tu le nom du lion à tête d'homme qui garde l'allée menant à la pyramide du roi Khafra à Gizeh?

Q 306. Combien de temps dura le plus long règne d'un pharaon: 74, 84 ou 94 ans?

Q 307. Pourquoi construisait-on des pyramides?

Q 308. Le scarabée représentait-il le dieu Soleil ou le dieu du Royaume des morts?

Q 309. Comment s'appelait la déesse du ciel?

Ankh, puissant symbole égyptien

Q 310. Connais-tu le nom du seul pharaon dont la tombe ne fut pas pillée dans l'Antiquité?

Q 311. Que symbolisait l'ankh dans l'Egypte antique: la vie, l'amour ou le soleil?

Q 312. Ce serpent représente-t-il la déesse cobra ou la déesse python?

Q 313. Quelle femme légendaire, célèbre pour sa beauté et son charme fatal, fut la dernière reine d'Egypte, avant la domination des Romains?

Statue du pharaon Senusret III

Q 314. La 'Grande Pyramide' est l'une des sept merveilles du monde de l'antiquité classique. Combien pèse l'ensemble de ses pierres: 5,5, 6,5 ou 7,5 millions de tonnes?

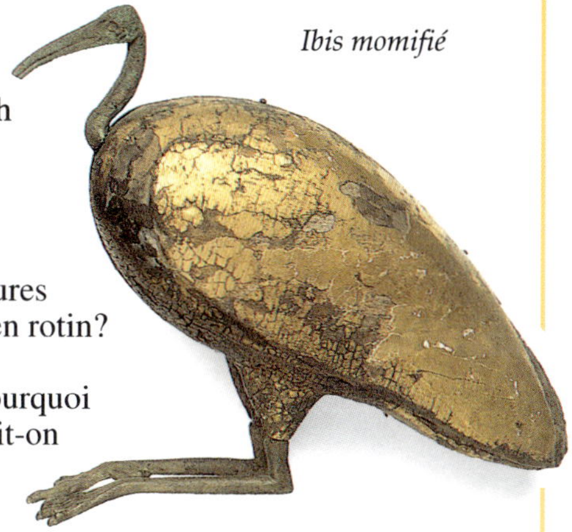

Ibis momifié

Q 315. Comment s'appelait le dieu de la longévité: Heh, Neh ou Yeh?

Q 316. En quoi fabriquait-on généralement les chaussures égyptiennes: en cuir ou en rotin?

Q 317. Pourquoi momifiait-on les ibis?

Q 318. Les Egyptiens appelaient une partie de leur pays 'le pays noir' et une autre 'le pays rouge'. Dans quelle partie habitaient-ils?

Q 319. Pourquoi les Egyptiens rasaient-ils leurs sourcils: parce que c'était la mode, en signe de réjouissance ou de deuil?

Q 320. Qu'était le senet: une boisson, un jeu ou une obligation religieuse?

Q 321. Les vêtements égyptiens étaient-ils généralement en laine, en coton, en nylon ou en lin?

Q 322. Dans quelle vallée enterrait-on les rois d'Egypte après la période des pyramides?

Q 323. Les lettres rouges des calendriers égyptiens indiquaient-elles un jour faste ou un jour de malheur?

Q 324. La 'Grande Pyramide' est-elle plus haute que la cathédrale Saint-Paul à Londres?

Q 325. Qu'est-ce que des hiéroglyphes?

Les pyramides de Gizeh

La Grèce antique

Q 326. En l'honneur de quel dieu organisait-on les Jeux olympiques antiques?

Q 327. Comment s'appelle le célèbre port d'Athènes créé il y a 2.500 ans: le Pirée, Salamine ou Pompéi?

Soldat grec

Q 328. Comment appelait-on les soldats grecs lourdement armés?

Pièce de monnaie grecque

Q 329. Quel cheval volant mythologique est représenté sur cette pièce?

Q 330. Qui était Asclépiade: un médecin, un poète ou un dieu?

Q 331. Que faisaient les femmes grecques à l'agora?

Hochet d'enfant en forme de cochon

Q 332. Que faisaient les enfants grecs de leurs jouets, une fois devenus adultes?

Q 333. De qui disait-on que son visage avait lancé un millier de navires à l'eau: de la déesse Athéna, d'Hélène de Troie ou de la reine Boudicca?

Q 334. Qu'appelait-on un symposium?

Vase en argile et pièces de monnaie datant de 650-625 av. J.-C.

Q 335. En quoi ces pièces sont-elles fabriquées: en or, en argent ou en électrum?

Chapiteau décoré

Q 336. Où trouve-t-on ce chapiteau dans un bâtiment: sur le toit, au sommet d'une colonne ou au-dessus d'un chambranle de porte?

Q 337. Connais-tu le nom du monstre légendaire mi-homme, mi-taureau, tué par le jeune prince Thésée?

Q 338. Qu'est-ce qu'une trirème?

Gobelet

Q 339. Quelle était la boisson favorite des Grecs: l'eau, le vin ou le lait?

Q 340. Quel temple athénien, dédié à la déesse Athéna, se trouve sur le point le plus haut de l'Acropole?

Q 341. Qui est l'auteur du grand poème épique 'l'*Iliade*'?

Q 342. Les Romains l'appelaient Neptune. Comment les Grecs le nommaient-ils?

Q 343. Quel système politique vit le jour à Athènes au Ve siècle av. J.-C.?

L'Empire romain

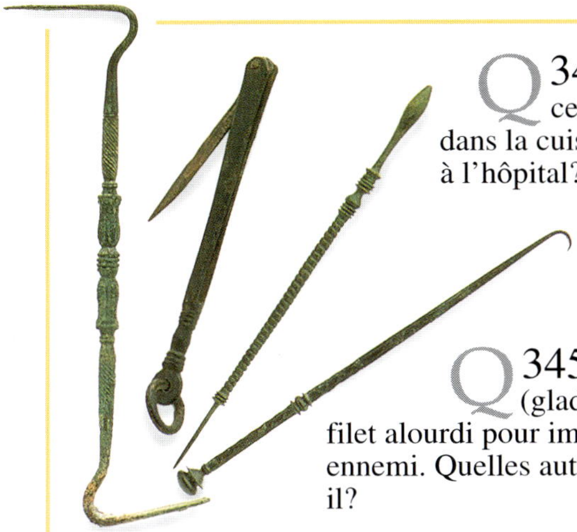

Canif, sonde et 2 crochets

Q 344. Où utilisait-on ces instruments: dans la cuisine, à la ferme ou à l'hôpital?

Q 345. Le *rétiaire* (gladiateur) utilisait un filet alourdi pour immobiliser son ennemi. Quelles autres armes portait-il?

Q 350. Les *biges* (*bigae*) étaient attelés de deux chevaux. De combien de chevaux étaient attelés les *quadriges*?

Q 351. Qui portait une couronne de laurier sur la tête?

Q 352. Quel chef romain célèbre fut assassiné le 15 mars de l'an 44 av. J.-C.?

Poignard militaire et courte épée

Le Colisée de Rome

Flacon à huile et paire de grattoirs

Q 346. Quels sports meurtriers se déroulaient au Colisée, à Rome, pour amuser le public?

Q 347. Pourquoi les Romains utilisaient-ils ce flacon d'huile et ces deux grattoirs?

Q 348. Combien de soldats comptait une légion: 500, 5.000 ou 10.000?

Q 349. Les Romains riches avaient-ils le chauffage central?

Encriers, stylo en bronze et stylo en roseau taillé

Q 353. I = 1 en chiffre romain, V = 5 et X = 10. Comment écrit-on 16 en chiffres romains: XVI, XIV ou VIX?

Q 354. Pourquoi les commandants d'armées portaient-ils des plumes sur leur casque?

Le Moyen Age

Femme du XVe siècle

Q 355. Quel héros anglais légendaire pillait les riches, avec ses compagnons, pour soulager les pauvres?

Q 356. Qui ou qu'est-ce qui portait ce pendentif?

Q 357. Utilisait-on les crochets de boucherie sur les champs de bataille, dans la cuisine ou dans les cimetières?

Q 358. Comment appelle-t-on ce vêtement de femme?

Pendentif avec blason

Q 363. Comment s'appelle cet instrument?

Troubadour

Q 364. Est-ce que les serfs étaient des bandits?

Q 365. Dans quel pays vécut Jeanne d'Arc?

Q 366. Le 'panage' était-il une taxe sur le pain, sur la bière ou le droit de faire paître les cochons dans un bois?

Q 367. Qu'est-ce qu'un donjon?

Q 368. Qu'est-ce que la peste noire?

Q 359. Au cours de quel siècle est né le tricot en Europe: au IXe, au XIIe ou au XVe siècle?

Q 360. Comment appelle-t-on les fossés qui entourent un château?

Q 361. Quelles tours étaient les plus faciles à défendre: les tours rondes ou les tours carrées?

Q 362. L'étoile du matin était-elle une arme ou une décoration?

Le château de Bodiam en Angleterre

Q 369. Dressait-on parfois les cochons pour en faire des 'chiens' de guerre ou des 'chiens' de chasse?

Q 370. Comment appelle-t-on un chevalier qui n'a pas encore reçu ses attributs?

Q 371. Que devait protéger cette armure?

Q 372. Qu'est-ce qu'un chevalier lançait par terre pour provoquer quelqu'un en duel?

Q 373. Comment appelle-t-on le mur extérieur d'un château: le rempart ou la muraille?

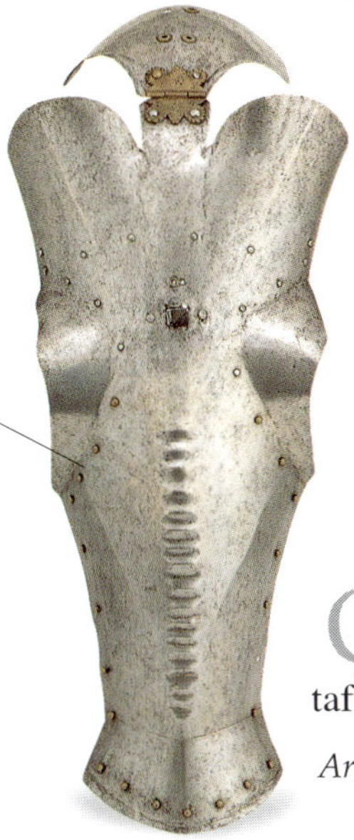

Armure

Q 374. A quelle fleur les guerres civiles anglaises du XVe siècle doivent-elles leur nom?

Q 375. Quel roi des Francs fut rendu célèbre par une chanson burlesque?

Q 376. Quel sport remplaça le tir à l'arc au XIVe siècle et fut interdit par le roi d'Angleterre?

Q 377. Qu'est-ce qu'on appelait les Croisades?

Q 378. Qu'est-ce que le brocart, le damas et le taffetas?

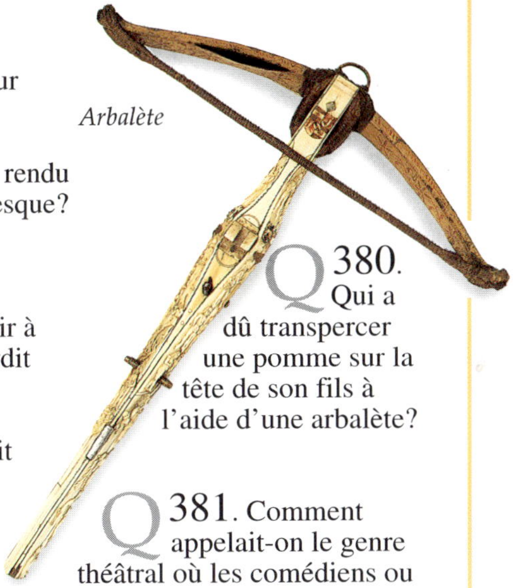

Arbalète

Q 380. Qui a dû transpercer une pomme sur la tête de son fils à l'aide d'une arbalète?

Q 381. Comment appelait-on le genre théâtral où les comédiens ou bouffons frappaient les gens avec une vessie suspendue à un bâton?

Q 382. Quelle partie du château porte le nom 'd'oubliettes'?

Q 379. Pourquoi ces balcons sont-ils percés de trous (mâchicoulis)?

La Renaissance

Q383. Comment s'appelle la veste de cet homme: une veste, un pourpoint ou un gilet?

Q384. Dans quelle ville italienne est née la Renaissance: à Florence, Milan ou Venise?

Q385. Que signifie le terme 'Renaissance'?

Vêtement de style Renaissance

Q386. La robe de cette femme est-elle en soie, en velours ou en serge?

Q387. Quel savant s'opposait à l'idée selon laquelle la Terre était au centre de l'univers: Nicolas Copernic, Hans Lippershey ou Roger Bacon?

Q388. Quelle ancienne civilisation constituait une grande source d'inspiration pour la Renaissance?

Bouclier ayant probablement appartenu à Charles Quint

Q389. A quelle dynastie appartenait Charles Quint: à la dynastie des Habsbourg, des Tudor ou des Romanov?

Q390. Pourquoi le mouvement religieux du XVIe siècle, mené par Martin Luther, est-il connu sous le nom de Réforme?

Femme vêtue d'une robe du XVe siècle

Q391. Quel grand artiste et scientifique de la Renaissance est l'inventeur du premier tank et de la première machine volante?

Q392. A quelle reine anglaise du XVIe siècle appartenaient ces gants?

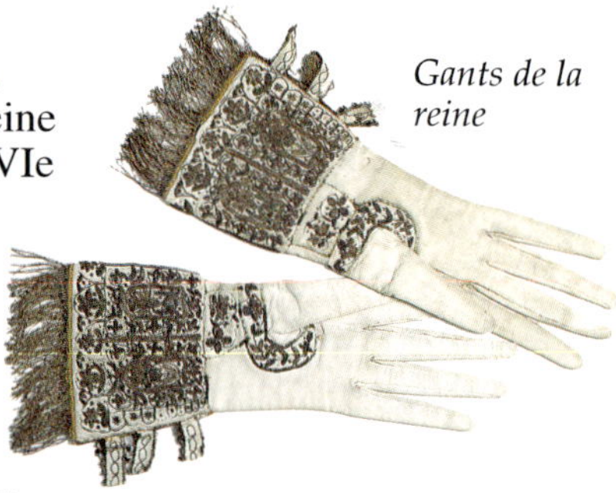

Gants de la reine

Q393. Quelle famille de banquiers italiens utilisa sa fortune et son influence pour soutenir les artistes?

Q394. Comment s'appelle la tragédie romantique de William Shakespeare qui se déroule à Vérone: '*Macbeth*' ou '*Roméo et Juliette*'?

Ancienne presse

Q395. Grâce à l'invention de l'imprimerie par Johannes Gutenberg en 1450, on pouvait fabriquer des livres en grande quantité. De quel pays est-elle originaire?

Q396. Dans quelle langue fut imprimée la Bible, le premier livre sorti de la presse de Gutenberg?

La Bible de Gutenberg

Les explorations

Compas à pointes sèches

Q 397. Quel fut le premier Européen qui découvrit la Nouvelle-Zélande et la côte orientale de l'Australie?

Q 398. Que faisaient les navigateurs avec ce compas à pointes sèches?

Q 399. Qui dit en 1969: 'Un petit pas pour l'homme, un grand pas pour l'humanité'?

Q 400. Qui étaient les Vikings et d'où venaient-ils?

Q 401. Comment naviguaient les premiers navigateurs avant la découverte des instruments de navigation?

Q 402. Pourquoi les Vikings peignaient-ils leurs voiles en rouge?

Chronomètre du XIXe siècle

Q 403. Qu'est-ce que la route de la soie?

Q 404. Où se trouve Tombouctou?

Une des premières mappemondes

Q 405. Que faisaient les navigateurs avec ce chronomètre?

Q 406. A la découverte de quel pays Marco Polo consacra-t-il une grande partie de sa vie?

Q 407. Connais-tu le nom des navires des Vikings?

Q 408. Lorsque Christophe Colomb arriva dans les îles Caraïbes en 1492, où pensait-il qu'il était?

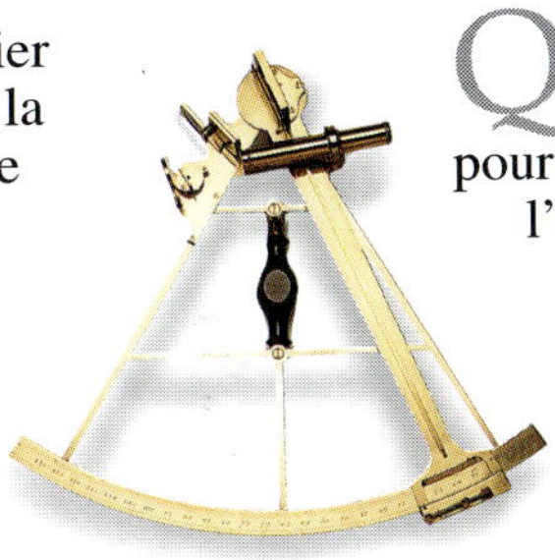

Instrument de navigation du XVIIIe siècle

Q 410. Quel livre Charles Darwin publia-t-il en 1859 pour expliquer sa théorie sur l'évolution des espèces?

Q 411. Comment s'appelle cet instrument: un sextant, un compas ou une équerre d'arpenteur?

Q 412. L'auteur du premier vol au-dessus de la Manche en 1909 était-il anglais ou français?

Outils de Charles Darwin

Q 413. Quel navigateur portugais effectua le premier tour du monde?

Q 414. Est-ce que Mungo Park est le nom d'un endroit en Afrique ou d'un explorateur?

Q 415. Christophe Colomb était-il d'origine italienne ou espagnole?

Le compas du capitaine Scott

Q 416. Quel fut le premier aviateur qui traversa l'océan Atlantique?

Q 417. Est-ce le capitaine Scott qui découvrit le pôle Sud?

Q 418. Quel courtisan d'Elisabeth I d'Angleterre importa du tabac et des pommes de terre d'Amérique en Europe: Sir Francis Drake ou Sir Walter Raleigh?

Télescope de navigation du XVIIe

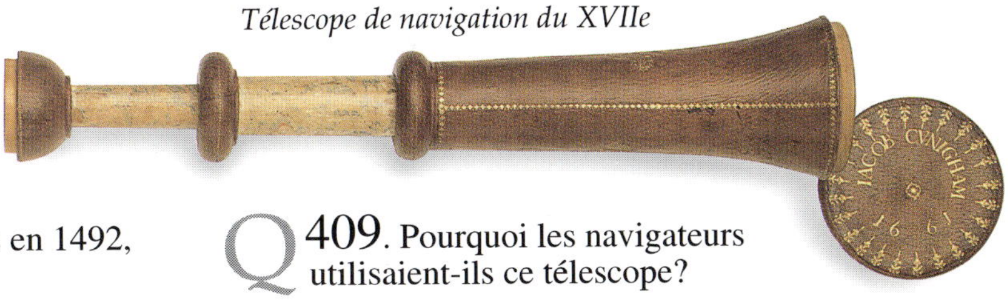

Q 409. Pourquoi les navigateurs utilisaient-ils ce télescope?

Q 419. Connais-tu le nom du célèbre marin des histoires d'aventures arabes?

Les Aztèques & les Incas

Q420. Quel sacrifice les Mayas accomplissaient-ils au nom de leur dieu de la pluie?

Q431. De quel animal vient la peau de ce bouclier?

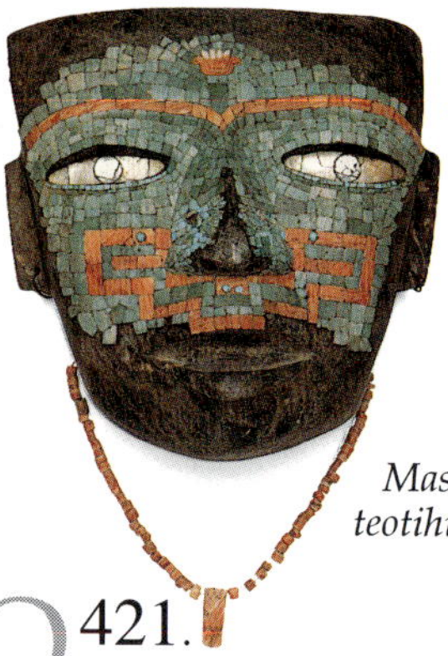

Masque teotihuacán

Chac, le dieu maya de la pluie

Bouclier aztèque

Q421. Laquelle de ces matières ne retrouve-t-on pas dans le masque ci-dessus: la turquoise, le corail, le coquillage, l'obsidienne ou l'argent?

Q422. Qui vivait dans le 'Monde du cinquième soleil'?

Q423. Tlaloc était-il le dieu de la pluie ou le dieu de la guerre?

Cruche du dieu aztèque Tlaloc

Q424. Quels combattants d'élite devaient leur nom au jaguar et à l'aigle?

Q425. Quel animal les Incas utilisaient-ils comme moyen de transport?

Q426. Quelle invention utile pour le transport n'était pas utilisée par les Incas?

Q427. Quel était l'enjeu des 'guerres des fleurs' livrées par les Aztèques: des fleurs ou des prisonniers?

Tissu nazca

Q428. Les sacs péruviens comme celui-ci, servant à transporter des feuilles de coca et des amulettes (pendentifs porte-bonheur), étaient-ils autrefois utilisés par les hommes ou par les femmes?

Q429. D'où vient le nom 'Mexique'?

Q430. Les Nazcas vivaient-ils au Mexique ou au Pérou?

Q432. Les Aztèques payaient-ils des impôts sur les chinampas, y laissaient-ils pousser des plantes sauvages ou les cultivaient-ils?

Q433. Les conquérants espagnols envahirent le Mexique en 1519 sur des animaux que les Aztèques n'avaient jamais vus. De quel animal s'agit-il?

Q434. Les tomates, les cacahuètes, les ananas et les patates douces proviennent-elles d'Europe ou d'Amérique?

Sac péruvien

Q435. Pourquoi la capitale aztèque, Tenochtitlán, ressemblait-elle à Venise?

Q436. Laquelle de ces deux villes était la plus peuplée en 1500: Tenochtitlán ou Londres?

Le Far West

Equipement de sport d'Indiens d'Amérique du Nord

Q 447. Quel sport se jouait avec ces bâtons?

Q 448. Quelle arme conquit l'Occident: le Colt ou la Winchester?

Q 437. Quel était le chapeau le plus populaire dans le Far West?

Q 438. Quelle star de Western est connue sous le nom de 'Duke'?

Q 444. Ce masque représente un visage humain et une tête d'oiseau. De quel oiseau s'agit-il?

Q 449. On en produisit en grande quantité à partir de 1874 pour clôturer tout l'Ouest. De quoi s'agit-il?

Masque du nord-ouest des Etats-Unis

Q 439. Quel autre nom portent les bisons?

Q 440. Comment s'appelait le pistolet le plus célèbre du Far West: le Peacemaker ou le Widowmaker?

Gaine en cuir d'un Colt 45

Q 441. Les selles des cow-boys étaient fabriquées en peaux étirées sur une structure en bois. Ces peaux étaient-elles tannées ou naturelles?

Q 442. Le Dakota du Nord et du Sud portent le nom d'une tribu indienne. Sous quel nom est-elle mieux connue?

Q 443. Qui fut tué à la bataille de Little Big Horn en 1876?

Q 445. Combien de temps dura l'époque des cow-boys: 25, 50 ou 100 ans?

Q 446. Dans quel genre de compétition les cow-boys se mesuraient-ils à leurs concurrents et montraient-ils leurs talents?

Selle à finition double

Q 450. Bill Cody est l'auteur du premier spectacle sur le Far West. Sous quel nom est-il plus connu?

Q 451. Est-ce que ce chapeau est un 10 gallons ou un 20 gallons?

Chapeau blanc comme celui que porte le 'bon' Roy Rogers dans les westerns

Q 452. Quel est le nom couramment utilisé dans les westerns pour désigner un bar ou un café?

Q 453. Le colonel James Bowie a-t-il donné son nom à un couteau ou à un fusil?

Q 454. Les cow-boys utilisaient-ils leur 'chuckwagon' pour y mettre des munitions ou de la nourriture?

Q 455. Où se déroula l'échange de coups de feu le plus célèbre du shérif Wyatt Earp?

Les armes et la guerre

Epée du XVIIe siècle

Q 456. Que signifie l'expression 'faire ses premières armes'?

Q 457. Où eut lieu la plus grande invasion de tous les temps le 6 juin 1944?

Q 458. Est-ce qu'un cimeterre est un sabre à lame droite ou recourbée?

Q 459. Quel arc permet de tirer le plus loin: l'arbalète ou l'arc à flèches?

Q 460. Est-ce que cette arme est une épée, un sabre ou un poignard?

Balles de fusil

Q 461. Quel est le métal dans lequel on fabrique généralement les balles?

Q 462. Combien de servants de pièces fallait-il pour préparer ce canon: 2, 5 ou 10?

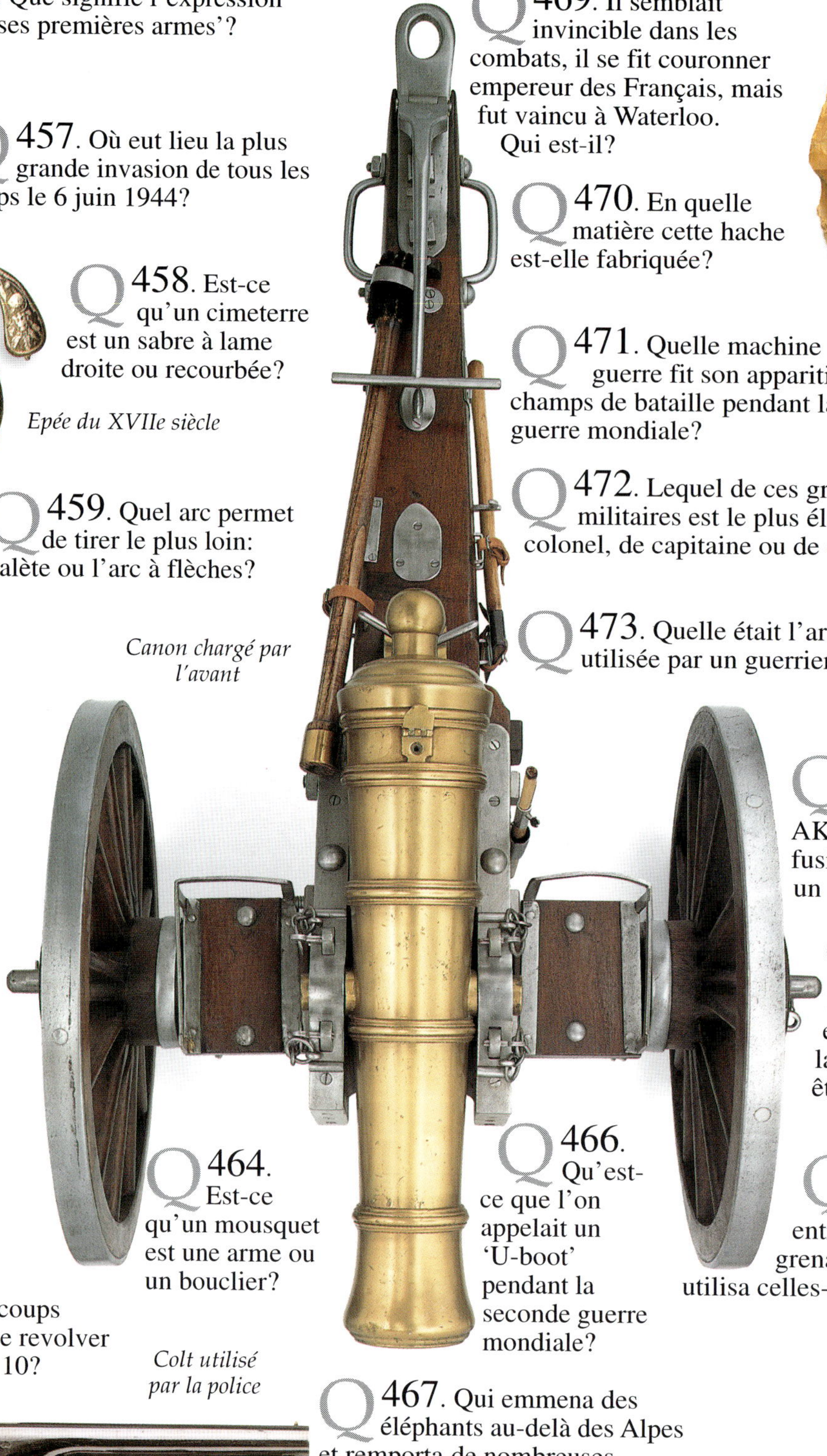

Canon chargé par l'avant

Q 463. Combien de coups peut-on tirer avec ce revolver sans le recharger: 5, 8 ou 10?

Q 464. Est-ce qu'un mousquet est une arme ou un bouclier?

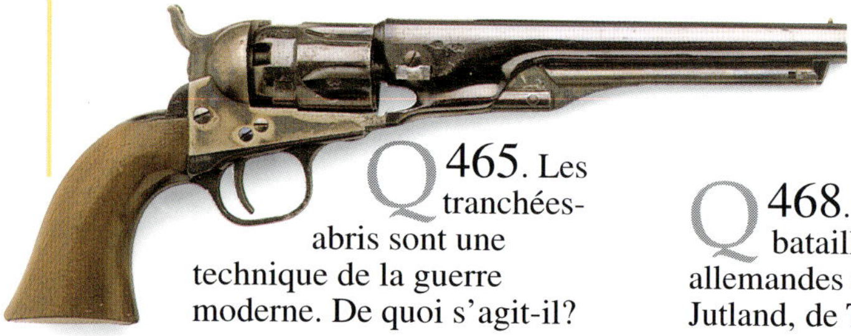

Colt utilisé par la police

Q 465. Les tranchées-abris sont une technique de la guerre moderne. De quoi s'agit-il?

Q 466. Qu'est-ce que l'on appelait un 'U-boot' pendant la seconde guerre mondiale?

Q 467. Qui emmena des éléphants au-delà des Alpes et remporta de nombreuses victoires contre Rome, bien qu'il perdit la guerre?

Q 468. Quelle fut la dernière grande bataille navale entre les flottes allemandes et britanniques: celle du Jutland, de Trafalgar ou de Pearl Harbor?

Hache

Lance

Q 469. Il semblait invincible dans les combats, il se fit couronner empereur des Français, mais fut vaincu à Waterloo. Qui est-il?

Q 470. En quelle matière cette hache est-elle fabriquée?

Q 471. Quelle machine de guerre fit son apparition sur les champs de bataille pendant la première guerre mondiale?

Q 472. Lequel de ces grades militaires est le plus élevé: celui de colonel, de capitaine ou de caporal?

Q 473. Quelle était l'arme principale utilisée par un guerrier samouraï?

Q 474. Est-ce qu'un AK47 est un fusil, un tank ou un missile?

Q 475. Cette lance servait-elle à être lancée ou à être enfoncée?

Q 476. Comment appelait-on les troupes entraînées à lancer les grenades la première fois qu'on utilisa celles-ci en Europe?

Q 477. A quoi servait cet affreux objet?

Chausse-trappe

Q 478. Combien pesait un équipement ou une armure comme celle-ci: 10-15, 20-25 ou 30-35 kg?

Q 487. Le tomahawk est un genre de petite hache. Qui l'utilisait pour se battre?

Q 479. A quoi servait cette arme d'Afrique occidentale?

Q 488. Que possède la crosse de ce pistolet?

Q 489. Laquelle des unités d'armée suivantes est la plus grande: le régiment, le bataillon, la brigade ou la division?

Q 480. Qui dirigea la flotte qui gagna la bataille de Trafalgar et possède une statue à Londres?

Q 481. Pendant la seconde guerre mondiale, les Allemands inventèrent une nouvelle technique de guerre foudroyante. L'appelaient-ils 'kriegel' ou 'blitzkrieg'?

Q 490. Quel est le nom de l'espace neutre compris entre les premières lignes de deux armées ennemies au XXe siècle?

Q 482. Combien de temps dura la guerre la plus courte: 6 heures, 6 jours ou 6 semaines?

Q 491. Combien de temps dura la plus longue de toutes les guerres: 15, 30 ou 100 ans?

Q 492. Comment appelle-t-on cet accessoire?

Q 483. Quel fut le premier Etat africain à mettre des envahisseurs européens en déroute: l'Afrique du Sud, le Nigéria ou l'Ethiopie?

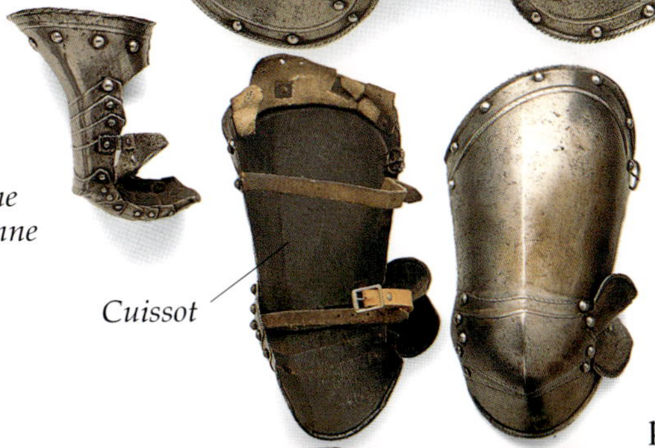

Q 493. Quel héros italien se battit pour l'unification de son pays?

Q 494. Quelles épées légères furent créées pour faire de l'escrime?

Q 484. Quelle partie de quel animal a donné son nom à cette arme indienne?

Q 495. Pour quel sport un chevalier portait-il une armure?

Q 485. Que se passe-t-il quand on lance un boomerang et que l'on rate sa cible?

Q 486. Qui tira les Mongols de l'obscurité et fit de leur Etat l'un des plus grands empires du monde?

Q 496. Sur quelle partie du corps les Suks du Kenya portaient-ils cette arme fatale?

Les vêtements

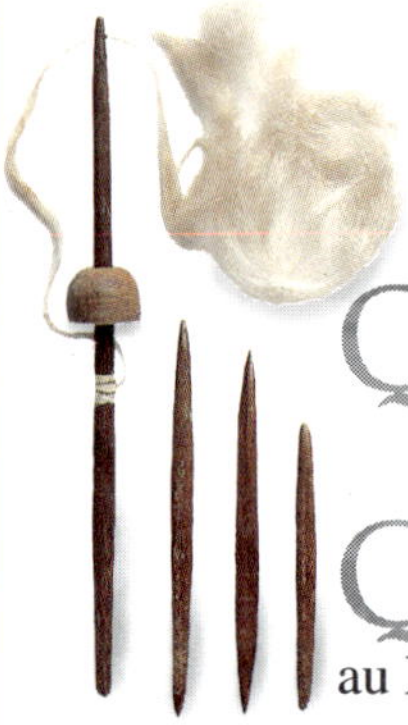

Fuseau et aiguilles à piquer le fil en os

Q 497. Que fabriquaient les Vikings avec un fuseau comme celui-ci?

Q 498. Quel roi de France lança la mode des perruques au XVIIe siècle?

Q 499. Quel vêtement en toile épaisse généralement bleue porte-t-on dans le monde entier?

Boucle

Q 500. Cette boucle servait-elle à maintenir une ceinture, une grande cape ou une robe?

Q 501. Les éventails pliables arrivèrent en Europe au XVIe siècle. Etaient-ils originaires de Chine, de Turquie ou de Russie?

Manchettes détachables en mousseline

Q 502. Durant quel siècle ces manchettes détachables étaient-elles à la mode: au Xe, au XVIIIe ou au XXe siècle?

Petit sac d'homme

Q 503. Quand les premiers modèles de sacs à main firent leur apparition au XVIIIe siècle, étaient-ils portés par des hommes ou des femmes?

Q 504. Quand la minijupe vit-elle le jour?

Femme en robe de soie à tournure

Q 505. A quoi sert surtout un éventail?

Eventail du XVIIIe siècle

Q 506. Dans la Rome antique, quel vêtement était un signe de citoyenneté romaine?

Q 507. Au Moyen Age, qu'appelait-on des rouleaux, des torsades, des hennins, des papillons et des cornes: des coiffures, des jupons ou des bijoux?

Mouches du XVIIIe siècle

Q 508. Que faisaient les hommes et les femmes riches avec ces mouches?

Q 509. Quand ce chapeau de paille était-il à la mode: au début du XXe siècle ou à la fin du XVIIIe?

Chapeau de paille

Epingle à cheveux romaine

Q 510. Pourquoi les femmes de l'empire romain avaient-elles besoin d'épingles à cheveux?

Q 511. Au XVIe siècle, être trop gros était à la mode pour les hommes. D'où vint cet engouement: de Norvège, d'Italie ou d'Espagne?

Q 512. Ceci est une robe en soie à tournure des années 1880. Qu'est-ce qu'une tournure?

Q 513. Qu'est-ce que des 'cothurnes': des chaussures, des boucles ou des manchettes?

Gilet d'homme brodé

Q 514. Quand ce gilet était-il à la mode: au XIVe, au XVIIIe ou au XXe siècle?

Q 515. Quelle matière d'origine chinoise était très prisée dans l'empire byzantin?

Homme en costume du XVIIIe siècle

Accessoires

Q Sur quelle partie du corps portait-on ces accessoires?

525.

526.

527.

528.

529.

530.

531.

532.

Q 516. Quel peuple fut le premier à confectionner et à porter des vêtements plutôt qu'à s'envelopper simplement dans du tissu: les Perses, les Anglais du XVIe siècle ou les Romains?

Q 517. Connais-tu le nom de la jupe de dessous garnie de baleines et de cercles d'acier portée par les femmes des années 1850?

Q 518. Quel pays influença la mode en Europe pendant la majeure partie du XVIIIe siècle?

Q 519. On utilise le nylon dans la confection depuis les années 1940. Qu'est-ce que c'est?

Bas en nylon cousus

Q 520. Est-ce qu'une banane était une coiffure ou un parasol?

Gants brodés main

Q 521. Pourquoi les femmes de l'aristocratie européenne se couvraient-elles les mains au XIXe siècle?

Cravates 'kipper'

Q 522. Pourquoi certaines cravates furent-elles baptisées 'cravates kipper'?

Q 523. Qu'arriva-t-il aux jupes en Europe et aux Etats-Unis dans les années 1920, que certains trouvèrent choquant?

Q 524. Les hommes portaient-ils des chaussures à semelle compensée dans les années 1970?

Chaussures à semelle compensée des années 1970

Inventions: jusqu'en 1850

Modèle d'horloge du XVIIe siècle du mathématicien et astronome néerlandais Christiaan Huygens

Si l'homme n'avait pas eu le don d'inventer et de progresser dans le domaine de la science, nous vivrions encore ensemble dans des cavernes. Le logement, les vêtements, les moyens de transport, les écoles, les routes, chaque élément de la vie moderne est le résultat de créations et d'inventions scientifiques.

Ancien télégraphe électrique

Q 533. Dans quoi l'homme vola-t-il pour la première fois en 1783?

Q 534. L'invention de cette pièce en 1656 modifia radicalement les pendules. Qu'est-ce que c'est?

Q 535. Qu'est-ce que l'on construisit d'abord: les arcades ou les tunnels?

Q 538. Zachäus Winzler cuisina en 1802 à l'aide d'un combustible jamais utilisé à cette fin précédemment. De quoi s'agit-il?

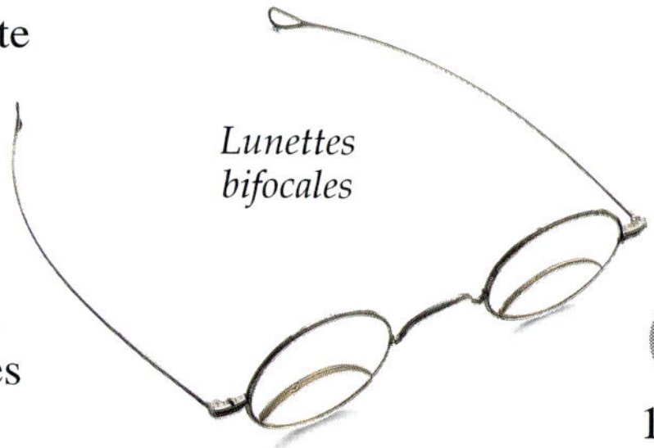

Lunettes bifocales

Q 539. Le premier télégraphe électrique fut-il fabriqué en Europe ou aux Etats-Unis?

Q 540. Qu'est-ce qui est plus ancien: la baignoire ou la douche?

Q 541. L'imprimerie fut-elle inventée en Allemagne, en Chine ou au Japon?

Q 542. Quand porta-t-on les premières lunettes: en 300, en 1300 ou en 1800?

Q 536. Quel fut le premier des deux à avoir été standardisé: le système de mesure anglais ou le système métrique?

Q 537. Une invention française modifia en 1530 la technique de conservation du vin et permit de fabriquer du champagne. De quoi s'agit-il?

Q 543. Qu'est-ce qui est plus ancien: le violon ou le piano?

Q 544. Où fut inventé le papier à tapisser: en Angleterre, en France ou en Inde?

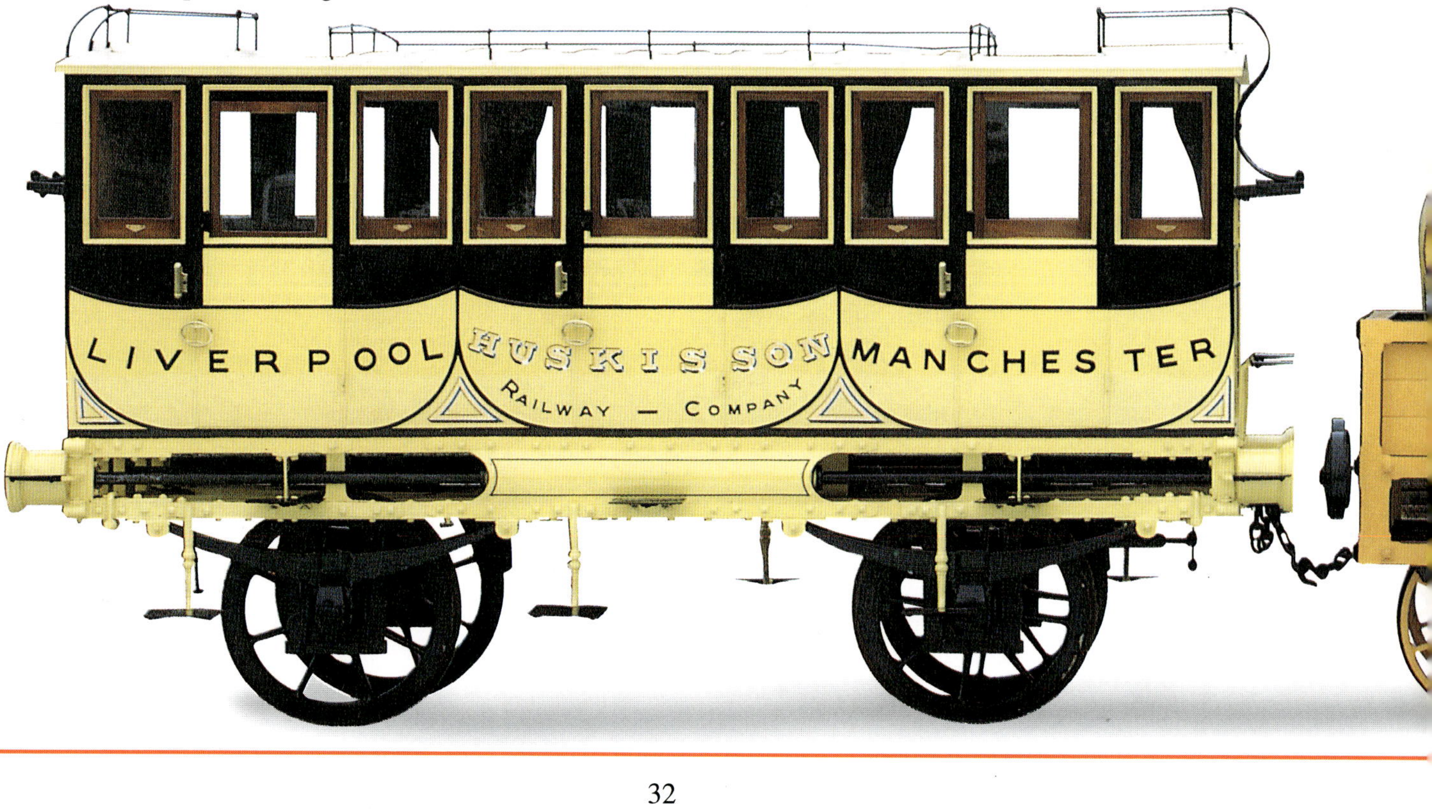

La pile de Volta, inventée en 1800

Q 545. A quel type de machine associe-t-on le nom de James Watt?

Q 546. Que fit Mercator en 1569, qui permit aux voyageurs de s'orienter plus facilement dans le monde entier?

Q 547. Qu'est-ce qui est plus ancien: la tondeuse à gazon ou la brouette?

Q 548. Qu'inventa le Belge Adolphe Sax en 1846?

Q 549. De quand date la première photo: de 1777, 1827 ou 1877?

Q 550. Qu'est-ce qui est plus ancien: le travail du métal ou la roue?

Q 551. Quelle invention doit-on à Volta: la pile ou la génératrice?

Q 552. Quelle matière goudronneuse pour améliorer l'état des routes fut inventée par John McAdam?

Q 553. Quelle invention aida initialement les moines allemands à se lever le matin?

Q 554. George Stephenson inventa cette première locomotive. S'appelait-elle la *Lightning*, le *Iron Horse* ou la *Rocket*?

Charrue à versoir allemande inventée avant 700 pour travailler les terres lourdes de l'Europe du Nord

Q 555. Où imprima-t-on le premier papier-monnaie: en Syrie ou en Chine?

Q 556. La poudre à canon fut-elle inventée avant le béton?

Q 557. Les premières charrues viennent-elles du Canada, de la Chine ou d'Irak?

Q 558. Laquelle de ces deux machines est la plus ancienne: le moteur électrique ou le moteur à combustion interne?

Q 559. Le vélocipède fut inventé en 1839. Comment l'appelle-t-on aujourd'hui?

Q 560. Qu'est-ce qui est le plus ancien: les cartes de Noël ou les timbres?

Q 561. Louis Lenormand sauta d'une tour en 1783 pour tester son invention. De quoi s'agit-il?

Rouet européen appelé la Grande Roue

Q 562. Le rouet vient-il d'Europe ou d'Asie?

Q 563. Qui furent les auteurs des premières fausses dents: les Etrusques ou les Egyptiens?

Q 564. Le papier vient-il de Chine, de Grèce ou d'Inde?

Locomotive et wagon d'autrefois

La Terre

Ancien sismographe

Q 565. Quel est le plus grand océan du monde?

Q 566. Quel est le plus grand continent?

Q 567. De quoi les glaciers sont-ils formés?

Q 568. Comment appelle-t-on la couche située entre la croûte terrestre et le noyau de la Terre?

Q 569. Que mesure un sismographe?

Q 570. Où se trouve le plus grand rocher du monde?

Q 571. Quel est le minéral le plus dur du monde?

Q 572. Qu'indique l'échelle de Richter?

Q 573. Qu'est-ce qu'un raz-de-marée?

Q 574. Quel âge a la Terre: 2.600, 3.600 ou 4.600 millions d'années?

Q 575. Laquelle des roches ci-contre est une roche métamorphique?

Granite

Eclogite

Q 576. Comment appelle-t-on les pentes raides qui apparaissent quand des rochers se chevauchent et forment des montagnes?

Q 577. Les geysers font-ils jaillir de l'eau froide ou chaude?

Q 578. Comment s'appelle la plus haute chaîne de montagnes du monde?

Q 579. L'or, l'argent et le platine sont des métaux nobles. Lequel est le plus précieux?

Mercure

Q 580. Quel est le plus long fleuve?

Q 581. Pourquoi appelle-t-on parfois le mercure du vif-argent?

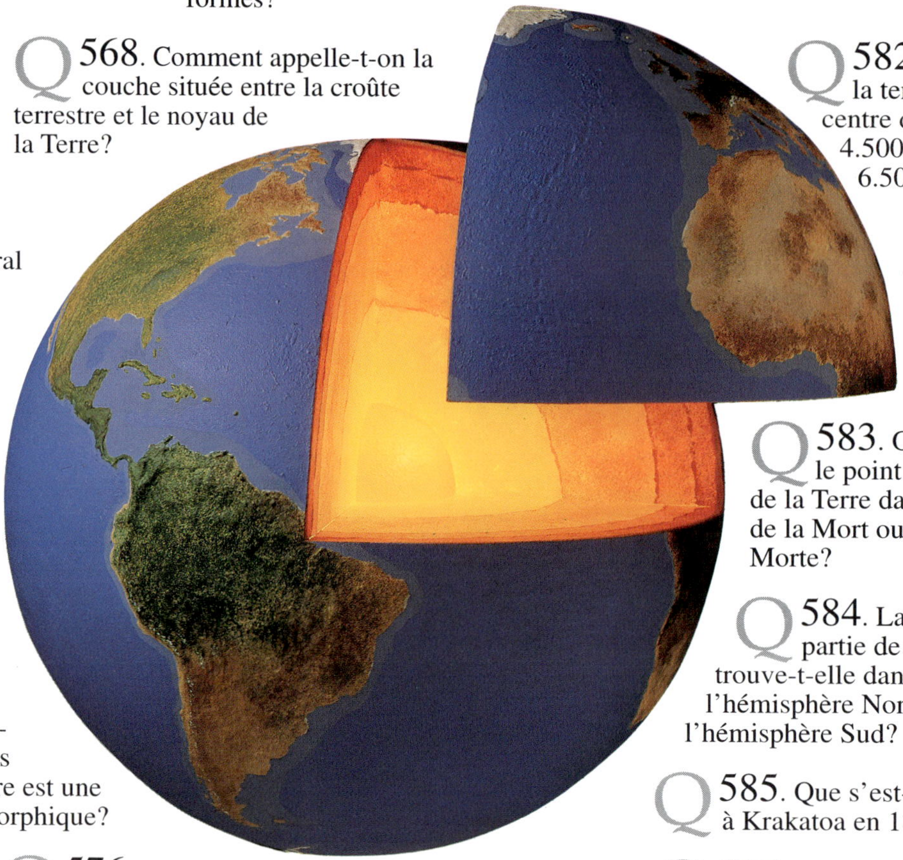

Maquette de la Terre

Q 582. Quelle est la température du centre de la Terre: 4.500 ou 6.500 °C?

Q 583. Où se trouve le point le plus bas de la Terre dans la Vallée de la Mort ou à la mer Morte?

Q 584. La plus grande partie de terre se trouve-t-elle dans l'hémisphère Nord ou dans l'hémisphère Sud?

Q 585. Que s'est-il passé à Krakatoa en 1883?

Q 586. Que sont les stalagmites et les stalactites?

Q 587. Qu'est-ce qu'un pétrographe étudie?

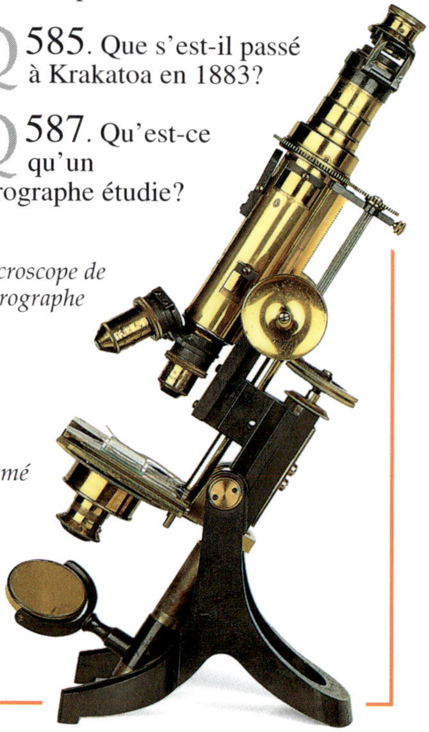

Microscope de pétrographe

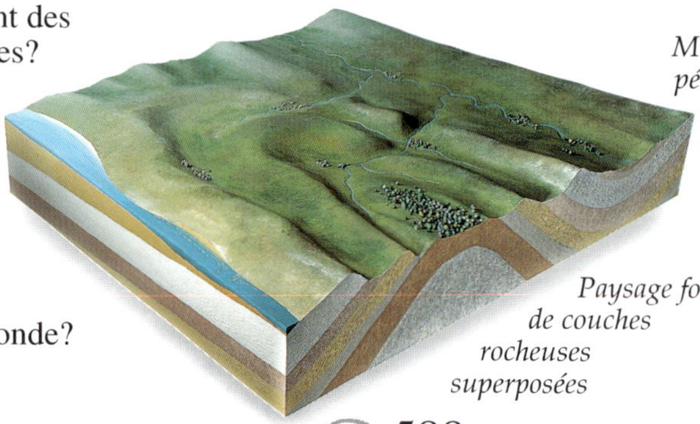

Paysage formé de couches rocheuses superposées

Q 588. Qu'est-ce qu'un hydrologiste étudie?

L'astronomie

Q 589. Quelle planète doit son nom à la déesse romaine de l'Amour?

Q 599. Quel scientifique italien étudia pour la première fois les planètes avec un télescope?

Reproduction d'un télescope du XVIIe siècle

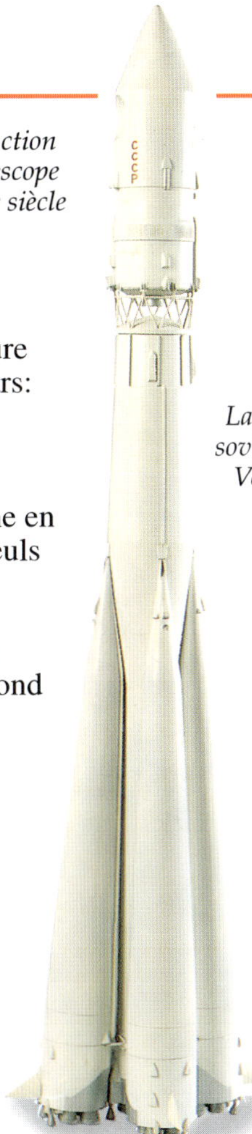

La fusée soviétique Vostok

Q 590. Deux planètes se trouvent entre la Terre et le Soleil. Lesquelles?

Q 591. Comment s'appelle notre système stellaire?

Q 600. Combien de temps dure une année sur la planète Mars: 365, 550 ou 687 jours?

Q 592. Comment s'appelle l'astre central et lumineux du monde?

Q 601. Que fit Youri Gagarine en 1961 dans sa fusée et que seuls des chiens avaient fait avant?

La plus grande planète

Q 593. Quand l'ami Pierrot doit-il prêter sa plume d'après une chanson célèbre?

Q 602. Qu'est-ce qui porte le nom d'Edmond Halley?

La Lune

Q 594. Quelle est la plus grande planète du système solaire?

Q 595. Qu'appelle-t-on la 'quatrième dimension' dans la science moderne?

Q 596. Les taches sombres de la Lune sont-elles des zones planes ou des montagnes?

Q 597. Qui est l'auteur de la théorie de la relativité?

Q 603. Où se trouve le télescope spatial de Hubble?

Q 604. Dans quel film parle-t-on de C3PO, R2D2 et de Chewbacca?

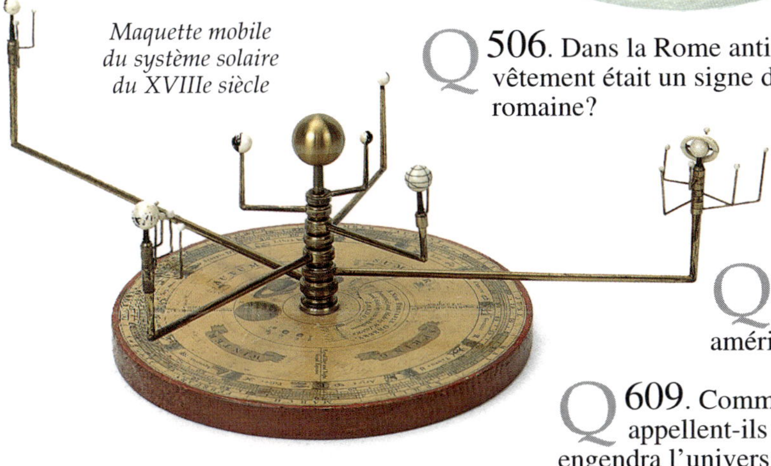

Maquette mobile du système solaire du XVIIIe siècle

Q 506. Dans la Rome antique, quel vêtement était un signe de citoyenneté romaine?

Q 606. Quelle planète est la dernière à avoir été découverte?

Q 607. Qu'appelle-t-on la planète rouge?

Q 608. La première station spatiale était-elle russe ou américaine?

Q 609. Comment les scientifiques appellent-ils le processus qui engendra l'univers?

Le télescope de Newton

Q 598. Quel est le plus grand volcan de la planète Mars: Olympus Mons, Etna ou Vesuvius?

Q 610. Que découvrit Isaac Newton après avoir vu une pomme tomber d'un arbre?

Le corps humain

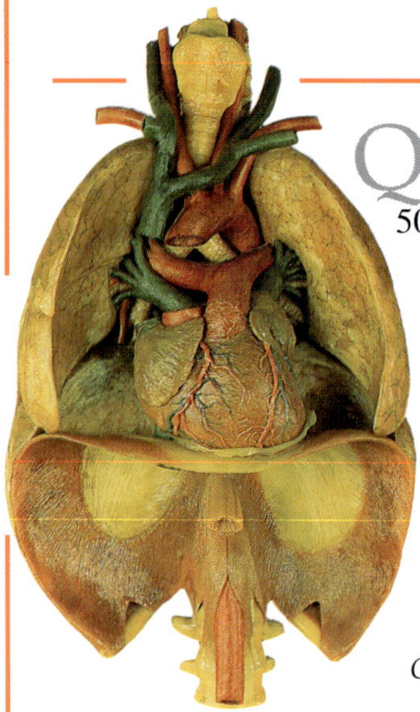

Organes de la poitrine

Q 611. Combien de fois le cœur bat-il chaque jour: 100.000, 500.000 ou 1.000.000 de fois?

Q 612. Qui a le plus grand nombre d'os: un enfant ou un adulte?

Q 613. Quelle est la substance la plus dure dans le corps humain?

Q 614. Quelle est la quantité d'air que les poumons peuvent contenir: 3, 10 ou 15 litres?

Q 615. Quel est le pays où l'on compte le plus grand nombre d'hôpitaux?

Q 616. Comment appelle-t-on la substance cornée contenue dans les ongles, les cheveux et la peau?

Os de la jambe et du pied

Q 617. Comment appelle-t-on, chez la femme, l'organe dans lequel se développe le bébé?

Q 618. Quel est le plus grand organe du corps humain?

Q 619. Quel médecin a découvert la psychanalyse, un traitement pour les maladies mentales?

Q 620. Comment appelle-t-on la cage osseuse qui protège les organes de la poitrine?

Q 621. Dans combien de directions le genou peut-il se plier?

Q 622. Lequel des intestins est le plus long: l'intestin grêle ou le gros intestin?

Q 623. Combien de muscles y a-t-il dans le corps humain: 200, 400 ou plus de 600?

Papayes tropicales

Q 624. La papaye, un fruit tropical, peut être utilisée pour traiter les oxyures et les teignes. Vrai ou faux?

Q 625. En quelle année Wilhelm Roentgen découvrit-il les rayons X: en 1800, 1850 ou 1895?

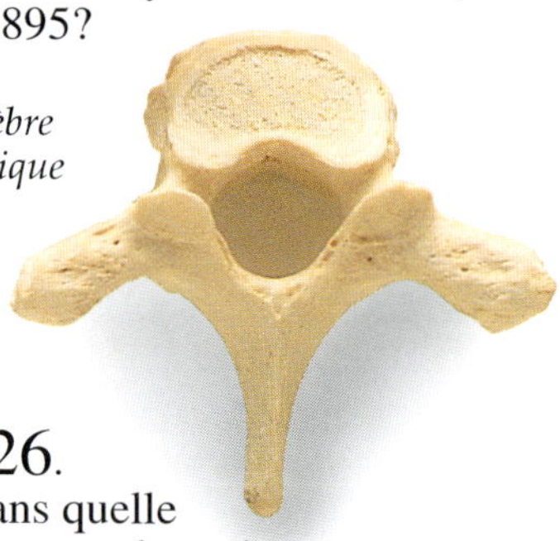

Vertèbre thoracique

Q 626. Dans quelle partie du corps humain trouve-t-on cet os?

Q 627. Combien pèse la tête: 2, 4 ou 8 kg?

Coffret à médicaments

Q 628. Durant quel siècle utilisait-on ces médicaments: au XVIIe, au XVIIIe ou au XIXe siècle?

Q 629. Le poisson, les œufs et la viande sont-ils des hydrates de carbone ou des protéines?

Q 630. Quelle partie du corps un médecin examine-t-il à l'aide d'un gastroscope: l'estomac, le cœur ou les poumons?

Q 631. Quel est l'os le plus long du corps humain: le fémur, le tibia ou l'humérus?

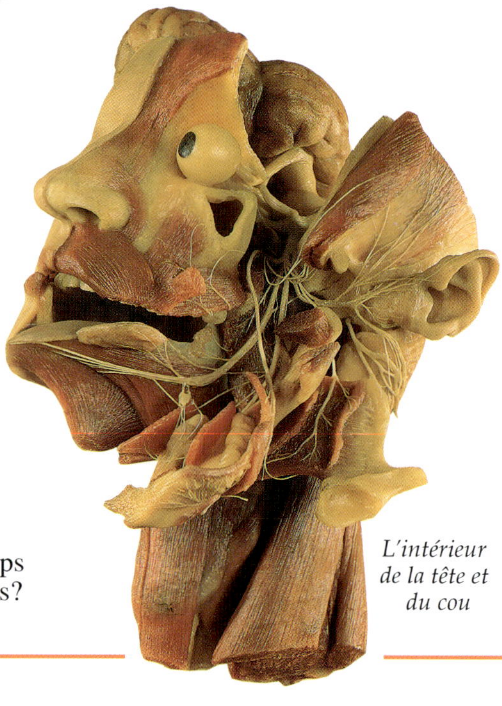

L'intérieur de la tête et du cou

Q 632. Quel est le nom du savant français qui mit au point les vaccins et inventa la pasteurisation (par échauffement pour détruire les bactéries)?

Q 633. Combien d'os y a-t-il dans le corps humain: 106, 206 ou 306?

Q 634. Quel est le nom de la femme française, d'origine polonaise, qui découvrit l'élément chimique dénommé le radium, et obtint le Prix Nobel de chimie en 1911?

Q 635. Quelle est la différence entre une anesthésie locale et une anesthésie générale?

Sangsues

Q 636. Qui découvrit la pénicilline?

Q 637. Quelle est la fonction des artères?

Q 638. Pourquoi les médecins appliquaient-ils des sangsues sur leurs patients?

Q 639. En quelle année Elizabeth Garrett Anderson est-elle devenue la première femme à obtenir un diplôme de médecine en Grande-Bretagne: en 1810, 1876 ou en 1934?

Q 640. Pourquoi les dissections humaines devaient-elles être pratiquées secrètement avant 1600?

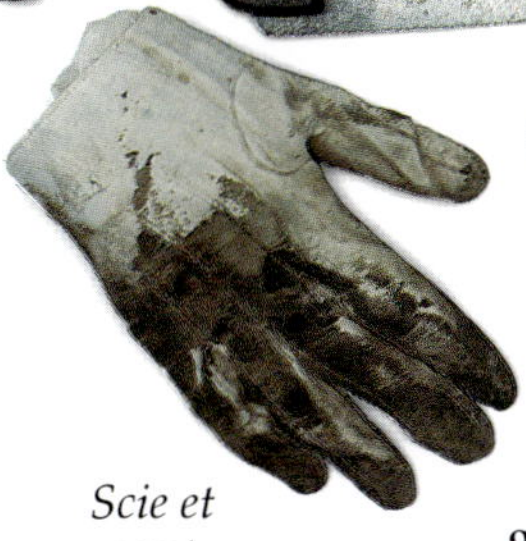

Scie et gant

Q 641. Pourquoi les médecins utilisaient-ils une scie à la bataille de Waterloo?

Q 642. Peux-tu citer 2 des principaux groupes sanguins?

Q 643. Combien de muscles un adulte utilise-t-il en moyenne pour marcher: 50, 100 ou plus de 200?

Q 644. Quelle forme ancienne de médecine chinoise consiste à poser des aiguilles sur différentes parties du corps pour traiter les maladies?

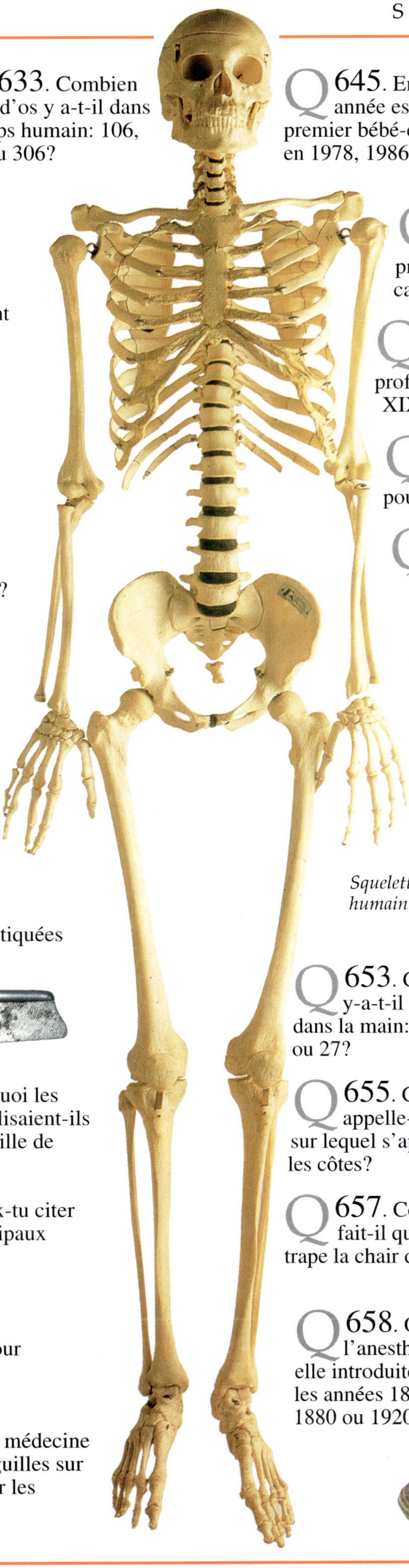

Squelette humain

Q 645. En quelle année est né le premier bébé-éprouvette: en 1978, 1986 ou 1990?

Q 646. Où se trouve le plus petit os du corps humain: dans l'oreille, le pied ou le poignet?

Q 647. En quelle année réalisa-t-on avec succès la première transplantation cardiaque: en 1937, 1967 ou 1987?

Q 648. Quand la dentisterie fut-elle reconnue en tant que profession: au XVe, au XVIIe ou au XIXe siècle?

Q 649. Quel est le fluide sécrété par le foie pour faciliter la digestion?

Q 650. Que fait une sage-femme?

Q 651. Quel instrument le médecin utilise-t-il pour écouter le cœur et les poumons?

Q 652. En quelle année utilisa-t-on pour la première fois la seringue pour injecter des médicaments directement dans le corps: en 1753, 1853 ou 1953?

Seringue hypodermique

Q 653. Combien y-a-t-il d'os dans la main: 12, 20 ou 27?

Q 654. En quelle année l'Organisation Mondiale de la Santé (OMS) fut-elle créée par les Nations Unies: en 1908, 1928 ou 1948?

Q 655. Comment appelle-t-on l'os sur lequel s'appuient les côtes?

Q 656. Nomme 2 des 5 sens principaux du corps humain.

Q 657. Comment se fait-il qu'on attrape la chair de poule?

Q 658. Quand l'anesthésie fut-elle introduite: dans les années 1840, 1880 ou 1920?

Inhalateur d'éther

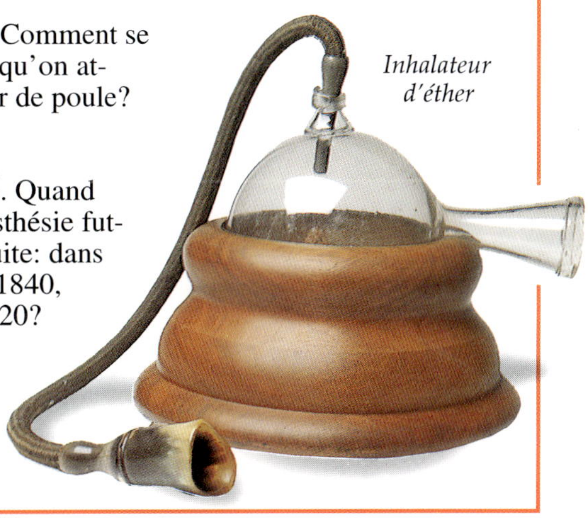

La biologie & la chimie

Spectroscope

Q 659. De quelle couleur devient le papier de tournesol quand on le plonge dans un liquide acide?

Q 660. Quelle substance contient les caractéristiques génétiques?

Q 661. Sous quel autre nom l'H_2O est-il plus connu?

Q 662. Que disperse le spectroscope dans son spectre?

Section d'une maquette d'ADN

Q 663. La distillation sépare-t-elle ou fusionne-t-elle les substances?

Q 664. Utilisait-on cette vessie de porc pour conserver des gaz ou des liquides?

Vessie de porc

Q 665. Sous quel nom l'acide désoxyribonucléique est-il plus connu?

Q 666. Pourquoi le protoxyde d'azote est-il le plus drôle des anesthésiques?

L'appareil de Kipp

Q 667. Cet appareil produit-il un liquide ou un gaz?

Q 668. La substance chimique appelée la mélanine permet au caméléon de changer de couleur. Quel effet produit-elle chez l'homme?

Q 669. Le bactériophage T4 est-il une bactérie ou un virus?

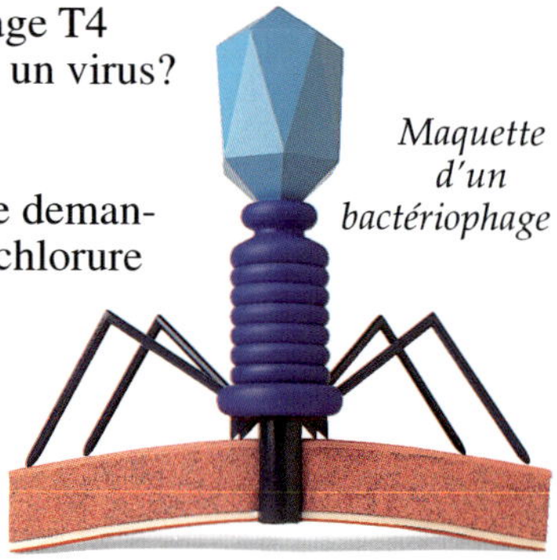

Maquette d'un bactériophage T4

Q 670. Si quelqu'un te demandait de lui donner le chlorure de sodium, que lui donnerais-tu?

Q 671. Qu'est-ce qu'un élément chimique?

Eudiomètre en verre

Q 672. Qu'est-ce que le Tableau de Mendéléev?

Q 673. Qu'obtient-on en faisant fondre du sable, de la soude et du calcaire?

Q 674. Cet eudiomètre sert-il à mesurer la pureté de l'eau ou de l'air?

Q 675. Quel est le gaz le plus léger: l'hydrogène ou l'hélium?

Q 676. Qu'est-ce qu'un gène?

Q 677. Outre la terre, de quoi les plantes ont-elles besoin pour se développer?

Plante pesée

Q 678. Est-ce qu'une piqûre d'abeille est acide ou alcaline?

Q 679. Sous quel nom désigne-t-on les chimistes non-scientifiques de l'Europe du Moyen Age.

Q 680. Qu'est-ce que la pétrochimie?

Le temps & le climat

Statue du dieu Soleil

Q 681. Que signifie le terme 'cumulus' en météorologie?

Q 682. Lequel est le plus grand continent: l'Antarctique, l'Asie ou l'Afrique?

Q 683. Cette statue est-elle aztèque ou égyptienne?

Q 684. Qu'est-ce qui annonce la pluie: une basse ou une haute pression atmosphérique?

Q 685. Que mesure un baromètre?

Baromètre

Q 686. L'effet de serre réchauffe-t-il ou refroidit-il la Terre?

Q 687. Que mesure un anémomètre?

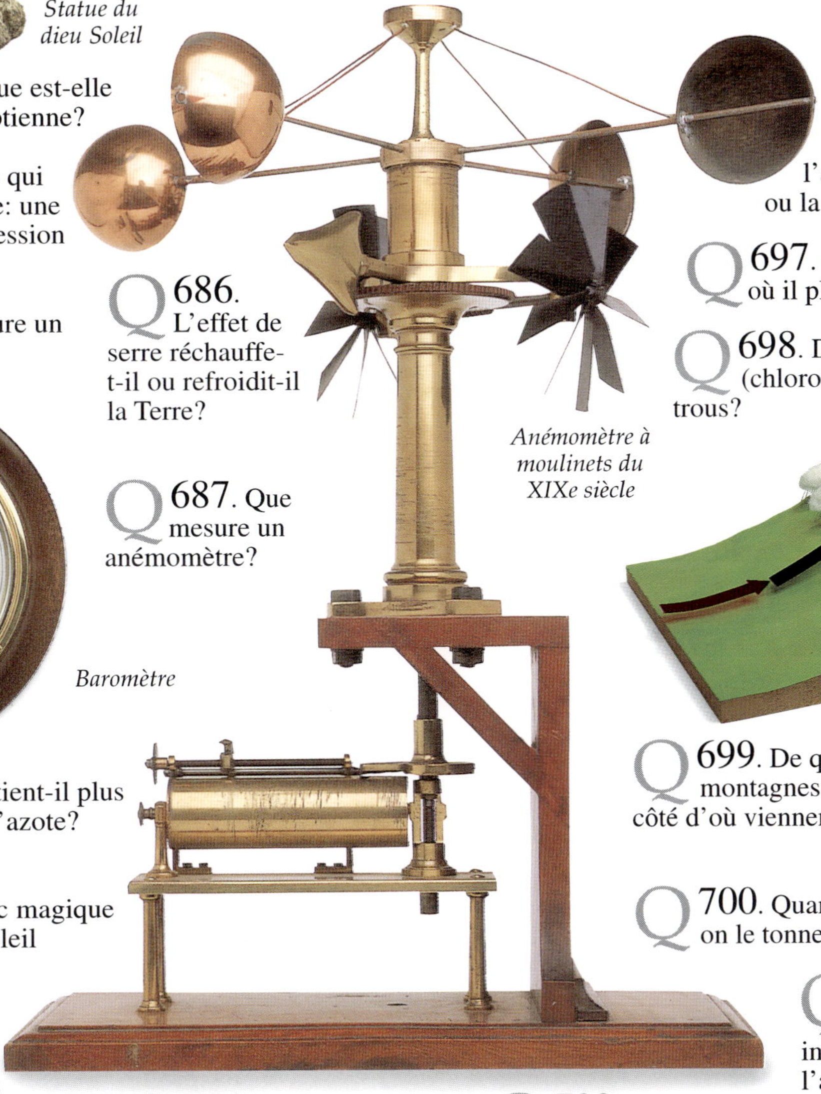

Anémomètre à moulinets du XIXe siècle

Q 688. L'air contient-il plus d'oxygène ou d'azote?

Q 689. A quel arc magique la pluie et un soleil éclatant donnent-ils naissance?

Q 690. Quel est l'endroit le plus froid de la Terre?

Q 691. Ce barographe utilise-t-il un baromètre anéroïde ou un baromètre à mercure?

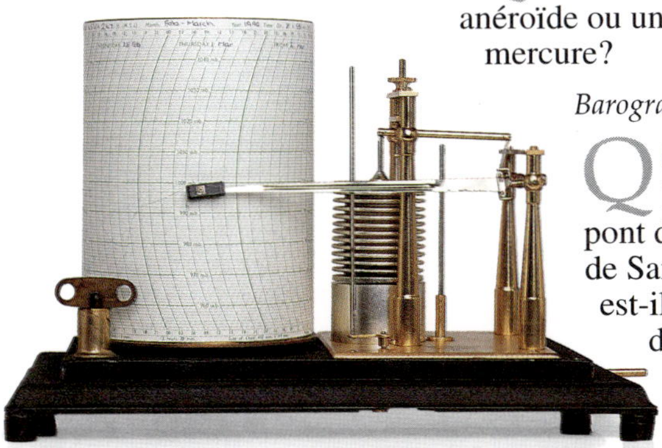

Barographe

Q 692. Pourquoi le pont du Golden Gate de San Francisco est-il si souvent dans le brouillard?

Q 693. Qu'est-ce que l'aurore boréale?

Q 694. Le vent présent dans l'œil d'un ouragan est-il le plus violent ou le plus faible?

Cadran solaire

Q 695. Que mesure un cadran solaire?

Q 696. Comment appelle-t-on la couche inférieure de l'atmosphère: la stratosphère ou la troposphère?

Q 697. Où se trouve la montagne où il pleut 350 jours par an?

Q 698. Dans quoi les 'CFC' (chlorofluorocarbures) font-ils des trous?

Maquette représentant le temps sur une chaîne de montagnes

Q 699. De quel côté d'une chaîne de montagnes y a-t-il le plus de pluie: du côté d'où viennent les nuages ou de l'autre?

Q 700. Quand il y a de l'orage, entend-on le tonnerre avant de voir l'éclair?

Q 701. Comment les variations de pression influencent-elles l'atmosphère?

Q 702. Par quoi est provoqué l'effet de Coriolis?

Q 703. L'air chaud monte-t-il ou descend-il?

Q 704. Les cirrus (nuages) sont-ils plus hauts que les stratus?

Maquette représentant la circulation des vents

Q 705. Où se trouve l'endroit le plus chaud de la Terre (en moyenne annuelle): en Afrique ou en Amérique du Nord?

Les inventions de 1850 à 1950

Disque de longue durée, 1948

Q 706. Que firent les frères Wright en 1903 que personne ne fit avant eux: voler en avion, scinder l'atome ou regarder la TV?

Q 707. Qu'est-ce qui est plus ancien: le téléphone ou le fax?

'Téléphone-boîte'

Q 708. Combien de temps durait chaque face du premier disque de longue durée: 23, 33 ou 53 minutes?

Sèche-cheveux

Q 709. Quand le premier sèche-cheveux portatif fit-il son entrée aux Etats-Unis: en 1850, en 1870 ou en 1920?

Q 710. Qu'est-ce que l'automobile doit aux frères André et Edouard Michelin, d'origine française?

Q 711. Quelle appliquée aux taxis en 1896 permit aux passagers de ne plus devoir discuter avec le chauffeur à la fin du trajet?

Q 712. Quelle fut la première automobile construite sur une chaîne de montage: la Ford T ou la Benz Velo?

Q 713. Où fut construite la première voiture: en Allemagne, aux Etats-Unis ou en France?

Q 714. Où la première autoroute, l'Avus Autobahn, fut-elle inaugurée en 1921: en Allemagne, en France ou aux Etats-Unis?

Q 715. Les grille-pain électriques existaient déjà à la fin du XIXe siècle. De quand date le premier grille-pain avec expulsion automatique: de 1920, 1930 ou 1940?

Q 716. Emile Berliner inventa l'ancêtre des disques modernes. Qu'inventa-t-il pour les écouter?

Q 717. La première moto était dotée d'une structure et de roues en bois. De quand date-t-elle: de 1865, 1885 ou 1905?

La première photocopieuse automatique

Q 718. Qu'est-ce qui est plus ancien: l'avion à réaction ou l'hélicoptère?

Q 719. Quand Chester Carlson inventa-t-il la photocopieuse: en 1859, 1903 ou 1938?

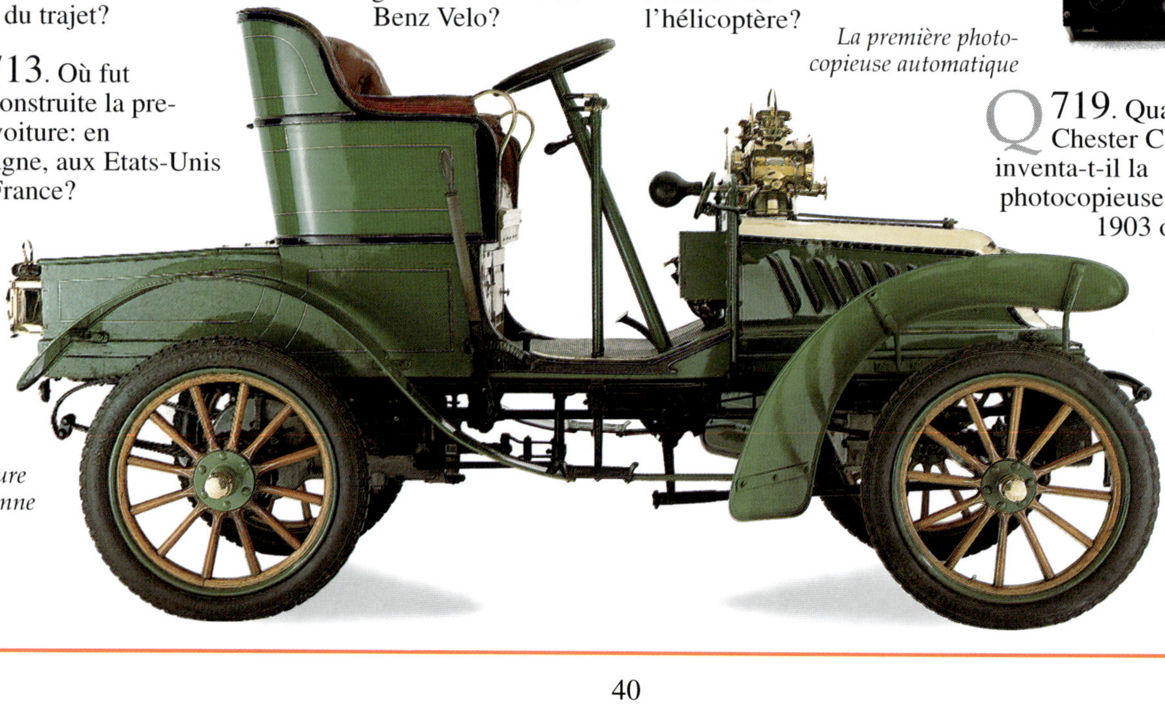

Voiture ancienne

Q 720. Qu'est-ce qui est plus ancien: le dirigeable (zeppelin), l'avion ou le planeur?

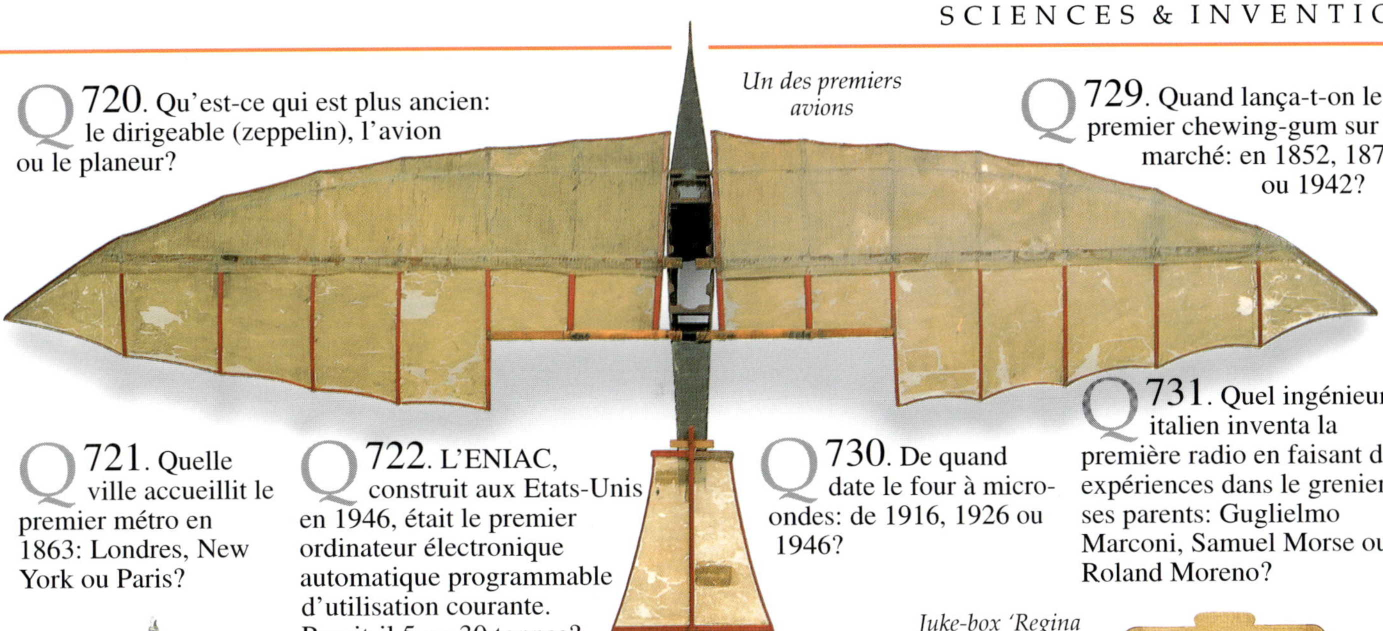

Un des premiers avions

Q 729. Quand lança-t-on le premier chewing-gum sur le marché: en 1852, 1872 ou 1942?

Q 721. Quelle ville accueillit le premier métro en 1863: Londres, New York ou Paris?

Q 722. L'ENIAC, construit aux Etats-Unis en 1946, était le premier ordinateur électronique automatique programmable d'utilisation courante. Pesait-il 5 ou 30 tonnes?

Q 730. De quand date le four à micro-ondes: de 1916, 1926 ou 1946?

Q 731. Quel ingénieur italien inventa la première radio en faisant des expériences dans le grenier de ses parents: Guglielmo Marconi, Samuel Morse ou Roland Moreno?

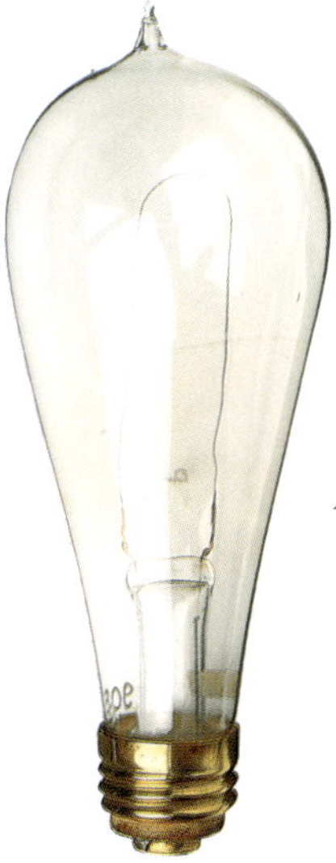

Ampoule électrique à visser

Q 723. Quand la première grande station de radio-diffusion lança-t-elle ses premières émissions: en 1900, 1920 ou 1940?

Juke-box 'Regina Hexaphone'

Q 732. De quand date le papier hygiénique: de 1857, 1897 ou 1937?

Q 733. Combien de mélodies jouait le premier juke-box: 1, 16 ou 26?

Q 724. Les premiers feux de signalisation furent installés à Cleveland, aux Etats-Unis, en 1914. Combien de lampes avaient-ils?

Q 734. Quelle boisson non alcoolisée lancée par le pharmacien américain John Pemberton est devenue la boisson la plus vendue au monde?

Q 725. Thomas Edison est l'auteur de plusieurs centaines d'inventions, dont l'ampoule électrique. Etait-il américain, anglais ou français?

Q 726. Quelle invention de James Ritty, datant de 1879, aida les commerçants à faire leurs calculs?

Q 727. De quand date la première télévision en noir et blanc: de 1903, 1913 ou 1926?

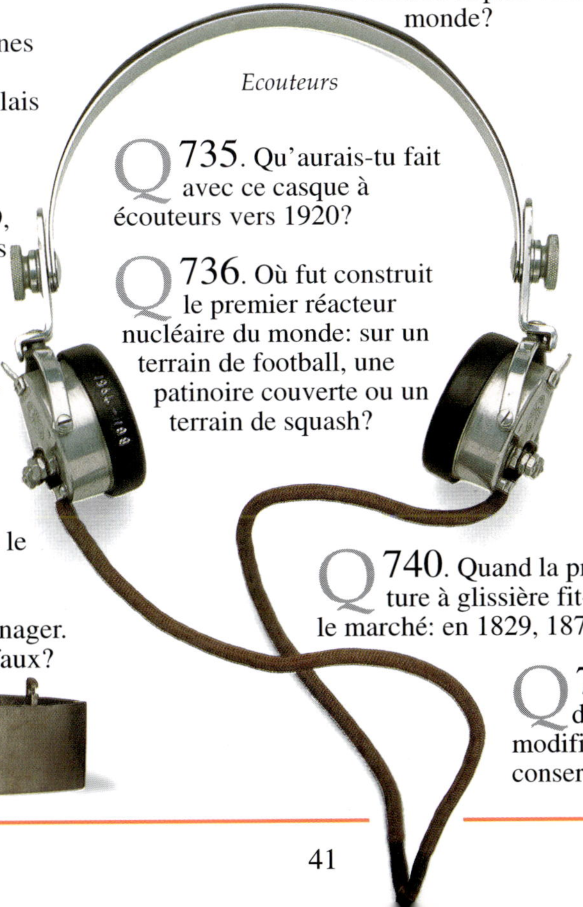

Ecouteurs

Q 735. Qu'aurais-tu fait avec ce casque à écouteurs vers 1920?

Q 736. Où fut construit le premier réacteur nucléaire du monde: sur un terrain de football, une patinoire couverte ou un terrain de squash?

Q 737. Thomas Edison inventa le phonographe en 1877. A quoi servait cet appareil?

Q 738. De quand date la première carte de crédit: de 1920, 1935 ou 1950?

Q 739. Qu'inventèrent les frères Biro en 1938?

Ancien fer à repasser

Q 728. Le fer à repasser électrique est le premier appareil électroménager. Vrai ou faux?

Fermeture à glissière

Q 740. Quand la première fermeture à glissière fit-elle son entrée sur le marché: en 1829, 1878 ou 1914?

Q 741. Qu'est-ce qui fut découvert en 1913, qui modifia radicalement la conservation des aliments?

Le monde moderne

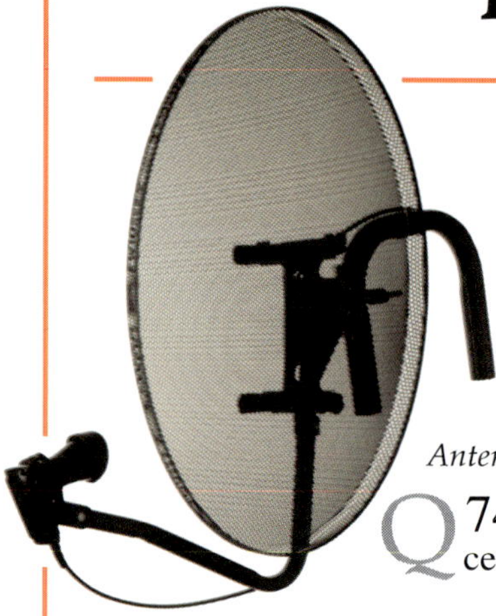

Antenne parabolique

Q 742. Qu'est-ce qui sort d'un trou noir?

Q 743. Qu'est-ce que les aliments en conserve, produits suivant une technologie de pointe, peuvent faire maintenant?

Q 744. Qu'est-ce qu'un PC?

Q 745. Quel système de transmission des émissions télévisées autre que par satellite devient de plus en plus populaire?

Q 746. Combien d'abonnés au téléphone y avait-il fin 1991 dans le monde entier: 537 ou 1.537 millions?

Q 747. Qu'est-ce qui est plus ancien: la puce électronique ou la cassette vidéo?

Q 748. Quel appareil d'hygiène dentaire en mouvement constant fit son apparition en 1961?

Q 749. La supraconductivité fonctionne-t-elle à haute ou basse température?

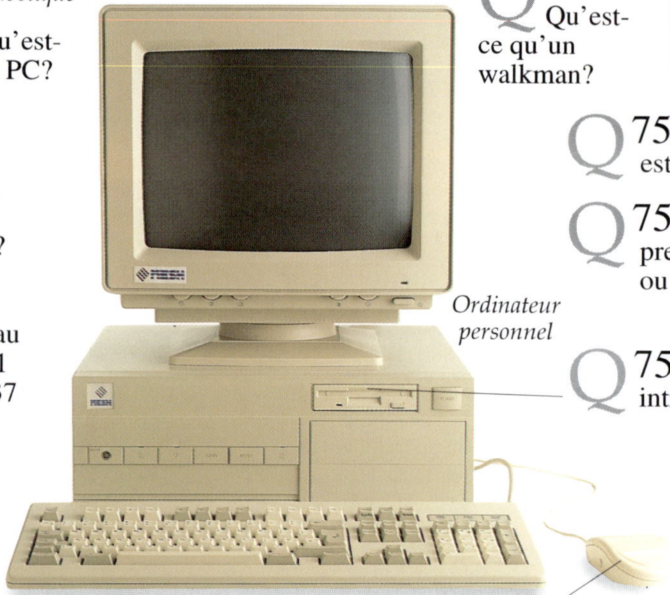

Ordinateur personnel

Q 750. Qu'est-ce que l'on transmet à l'aide de fibres optiques?

Q 751. Que suit un missile à tête chercheuse?

Q 752. Qu'est-ce qu'un walkman?

Stimulateur cardiaque

Q 753. Quelle partie de l'organisme est stimulée par un pacemaker?

Q 754. Quand implanta-t-on le premier cœur artificiel: en 1962 ou 1982?

Q 755. Quel type de disque introduirais-tu ici dedans?

Q 756. Qu'est-ce qui est plus ancien: l'hologramme en trois dimensions ou les ordinateurs personnels?

Q 757. Comment s'appelle cet objet?

Q 758. Le microscope le plus puissant du monde peut-il agrandir des objets 1, 100 ou 10.000 millions de fois?

Q 759. Quelle différence y a-t-il entre des 'Harriers' et des avions ordinaires?

Puces sur une plaquette

Q 760. De quoi cette plaquette fait-elle partie?

Q 761. Les premiers jeux vidéo à usage domestique furent-ils fabriqués dans les années soixante-dix ou quatre-vingt?

Q 762. Qu'est-ce qu'un fax?

Q 763. Qu'est-ce qu'une carte à mémoire?

Cartes de crédit

Q 764. Quel pays produit le plus grand volume d'ordures ménagères par personne: le Japon ou les Etats-Unis?

Q 765. Quelle invention française de 1971 ne se contentait pas de mélanger les aliments?

Q 766. Que peut-on faire à une icône avec une souris d'ordinateur?

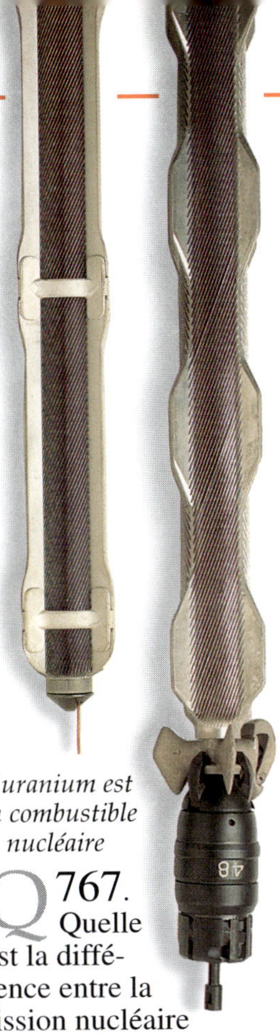

L'uranium est un combustible nucléaire

Instruments scientifiques

Q Tous ces instruments servent à effectuer des expériences scientifiques. Connais-tu leur nom?

786.

787.

788.

789.

790.

791.

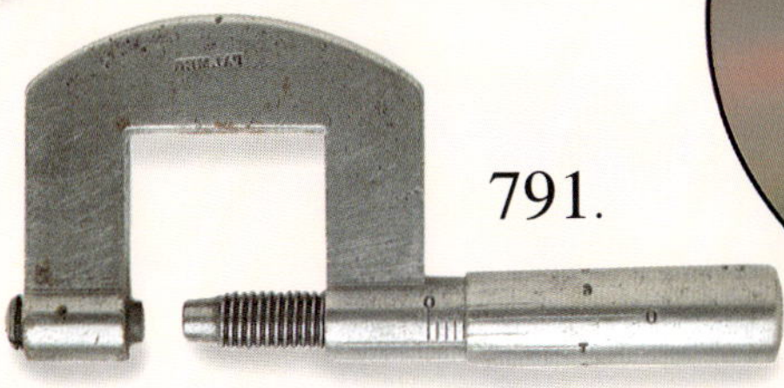

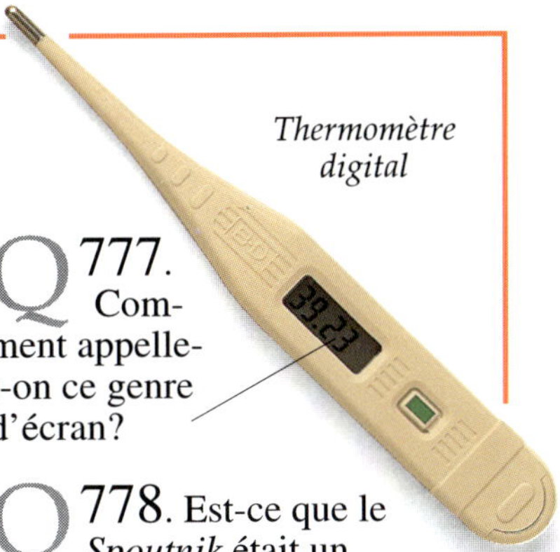

Thermomètre digital

Q 767. Quelle est la différence entre la fission nucléaire et la fusion nucléaire?

Q 768. Quel appareil permit d'enregistrer la musique autrement que sur disque en 1963?

Q 769. Combien d'instructions par seconde la puce la plus puissante du monde pouvait-elle traiter en 1992: 4, 40 ou 400 millions?

Q 770. Quels missiles peuvent tourner et suivre des cartes informatisées pour atteindre leur cible?

Q 771. Qu'est-ce qui est plus ancien: le robot industriel ou la montre digitale?

Q 772. Les horloges les plus précises sont-elles atomiques ou mécaniques?

Q 773. Comment peut-on identifier des individus à l'aide des noyaux cellulaires?

Q 774. Quel fut le premier appareil à se déplacer sur un coussin d'air en 1959?

Q 775. Le premier vaisseau spatial fut-il lancé en 1971, 1976 ou 1981?

Q 776. Quel fut le premier avion pour le transport de passagers à voler plus vite que le son?

Q 777. Comment appelle-t-on ce genre d'écran?

Q 778. Est-ce que le *Spoutnik* était un satellite ou un bateau?

Q 779. Que produit une éolienne?

Q 780. Quel instrument fonctionne à l'aide de l'amplification de la lumière par une émission stimulée de rayons (Light Amplification by Stimulated Emission of Radiation)

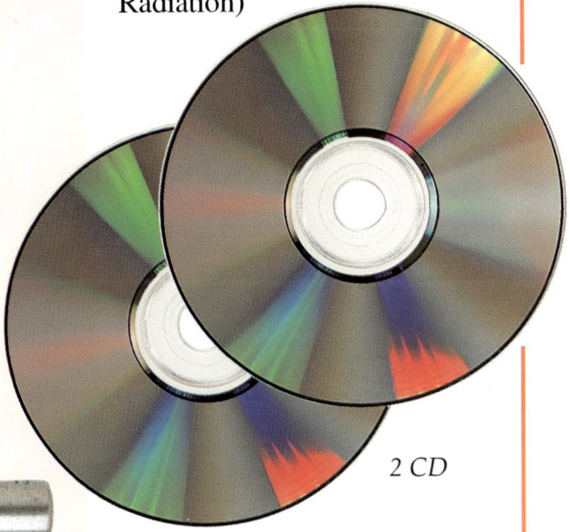

2 CD

Q 781. Que signifie l'abréviation CD?

Q 782. Quel jeu doit-on à Erno Rubik?

Q 783. Que fait un pot catalytique?

Q 784. Qu'est-ce qu'un modem?

Q 785. Pour quel type de machine les CD-ROM ont-ils été conçus?

Navette spatiale

Le football

Contrôle du ballon avec la cuisse

Le football est le sport d'équipe qui compte le plus de joueurs licenciés et le football professionnel est le sport qui attire le plus de spectateurs au monde. Le football exige du fair-play, de la discipline et un esprit d'équipe. Les sponsors et la télévision exercent une influence considérable sur le football et d'autres activités de détente. Bon nombre de footballeurs vedettes et de célébrités du monde sportif deviennent des millionnaires et les sports et divertissements les plus populaires attirent un public international nombreux.

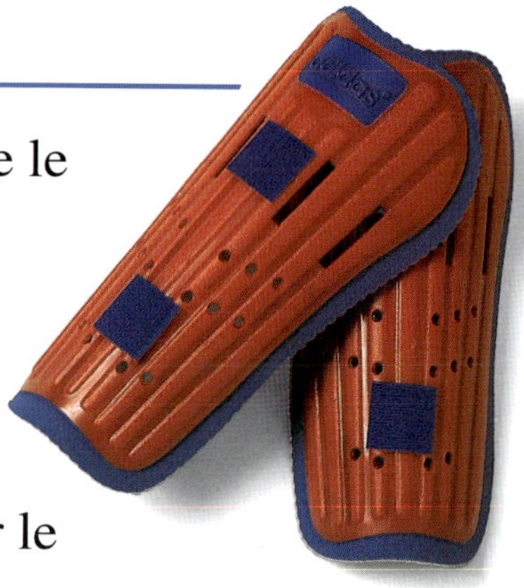

Protège-tibias légers

Q 795. Sur quelle partie du corps porte-t-on ces protections?

Q 792. Combien de temps dure un match de football: 60, 90 ou 120 minutes?

Q 793. Dans quel pays la coupe du monde de football se déroula-t-elle en 1986: au Mexique, en Espagne ou en Italie?

Q 794. Quel est le record en temps de la personne qui a jonglé le plus longtemps avec un ballon de football sans utiliser ses mains: 7, 12 ou 17 heures?

Q 796. Dans quel décor eurent lieu les premiers matchs de football?

Chaussure de football

Q 797. Quel pays d'Amérique du Sud a plus souvent remporté la Coupe du monde que n'importe quel autre pays: la Bolivie, le Brésil ou l'Argentine?

Q 798. Combien pèse une chaussure de football moyenne: 150, 250 ou 350 g?

Lancement du ballon par en dessous

Q 799. De combien de joueurs se compose une équipe de football?

Q 800. Quel joueur peut toucher le ballon avec ses mains?

Q 801. Qui parcourt la ligne de touche du terrain et assiste l'arbitre?

Q 802. Qu'est-ce qu'une rentrée en touche au football?

Q 803. L'arbitre utilise un sifflet pour annoncer le début et la fin du match. Quand l'utilise-t-il encore?

Passe

Q 804. Outre les pieds, quelles autres parties du corps les footballeurs utilisent-ils régulièrement pour orienter le ballon?

Q 805. Quels sont les deux cas où le ballon ne peut pas être contré par un joueur adverse?

Q 806. Quel membre de l'équipe porte un brassard et pourquoi?

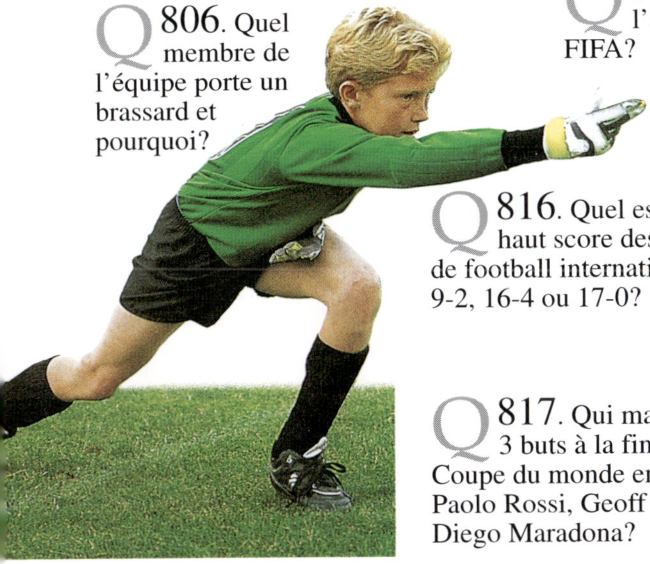

Q 807. Combien de pays jouent au football au niveau international: 80, 100 ou 140?

Q 808. Qu'est-ce qu'un penalty?

Q 809. Quelle équipe remporta la Coupe du monde en 1982: l'Espagne, la Pologne ou l'Italie?

Ballon de football d'avant 1945

Q 810. Cet ancien ballon de football est-il en caoutchouc, en plastique ou en cuir?

Q 811. Quel footballeur brésilien a-t-on surnommé 'la perle noire'?

Q 812. Qu'est-ce qu'un coup de pied de but?

Q 813. Quel pays joue au football gaélique?

Carton rouge

Carton jaune

Q 814. Quel carton est montré au footballeur renvoyé du terrain pour une faute grave?

Q 815. Que signifie l'abréviation FIFA?

Q 816. Quel est le plus haut score des matchs de football internationaux: 9-2, 16-4 ou 17-0?

Q 817. Qui marqua 3 buts à la finale de la Coupe du monde en 1966: Paolo Rossi, Geoff Hurst ou Diego Maradona?

Q 818. Quel ténor chanta '*Nessun dorma*' pendant la Coupe du monde de 1990: Luciano Pavarotti ou Placido Domingo?

Q 819. Dans quelle zone le gardien de but peut-il ramasser le ballon?

Gants de gardien de but

Q 820. Pourquoi les gardiens de but humidifient-ils leurs gants avant le match?

Q 821. Quelle équipe africaine se rendit célèbre pendant la Coupe du monde de 1990 par son balancement des hanches?

Equipement de gardien de but

Les sports en salle

Q 822. Pour quel sport suit-on les règles de Queensberry: la boxe ou l'équitation?

Q 823. A quel jeu de cartes un flush royal constitue-t-il une bonne main?

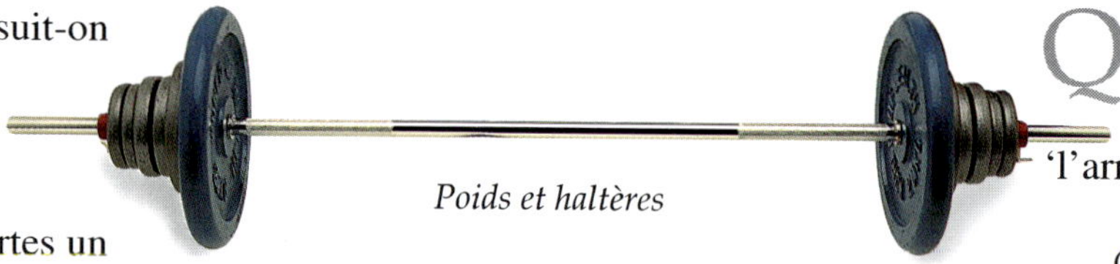

Poids et haltères

Q 833. Est-il plus facile de soulever des haltères en utilisant la technique de 'l'arraché' ou de 'l'épaulé-jeté'?

Pions du jeu d'échecs

Q 824. Qui fut le plus jeune champion du monde de tous les temps au jeu d'échecs: Bobby Fischer ou Gary Kasparov?

Q 825. Quelle sorte de lutte trouve son origine au Japon?

Q 826. Quels oiseaux de course sont les plus forts pour retrouver leur domicile?

Q 827. Dans quel sport trouve-t-on un palet, un gardien de but et un banc des pénalisés?

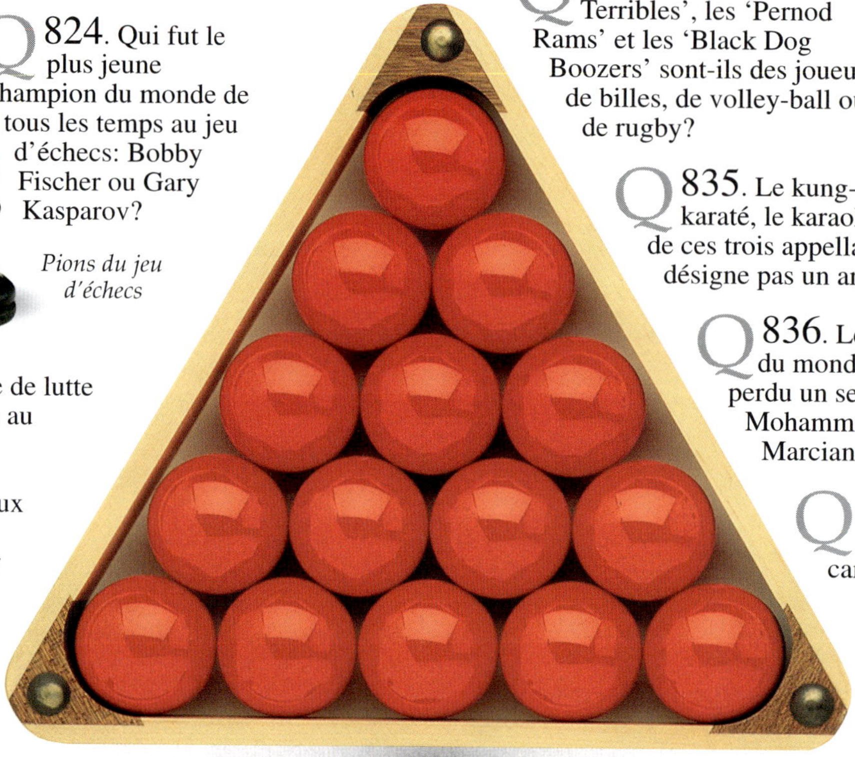

Boules de snooker

Gant de boxe

Q 834. Les 'Toucans Terribles', les 'Pernod Rams' et les 'Black Dog Boozers' sont-ils des joueurs de billes, de volley-ball ou de rugby?

Q 835. Le kung-fu, le karaté, le karaoké: laquelle de ces trois appellations ne désigne pas un art martial?

Q 836. Lequel de ces champions du monde de boxe n'a jamais perdu un seul match professionnel: Mohammed Ali ou Rocky Marciano?

Q 837. Au billard, qu'appelle-t-on un carambolage?

Q 838. Combien de ballons de basket un joueur peut-il dribbler à la fois: 4, 6 ou 8?

Deux jeunes joueurs de basket

Q 828. Quel jeu 'inventa-t-on' quand le jeu de quilles fut interdit aux Etats-Unis en 1845: la pétanque, le jeu de boules ou le bowling?

Q 829. Quelle discipline sportive comprend un cheval d'arçons, une poutre, des anneaux et différents types de barres?

Q 830. Les lames des anciens patins à glace étaient-elles en métal, en plastique ou en matière organique?

Q 831. Dans quel jeu les cavaliers, les fous, les tours et la reine protègent-ils le roi?

Q 832. Le plus grand joueur de basket à ce jour mesure-t-il 2,25 m ou 2,45 m?

Q 839. Quel jeu se termine quand quelqu'un blouse la boule-8: le polo, le snooker ou le billard?

Un patin à glace

Les sports de plein air

Q 840. Quel terrain est le plus grand, celui de football, de polo ou de rugby?

Q 841. Dans quel sport peut-on courir d'un guichet à un autre: au cricket ou au jeu de boules?

Q 842. En 1985, un jeune Allemand de 17 ans remporta le tournoi de Wimbledon en simple messieurs, qui était-ce?

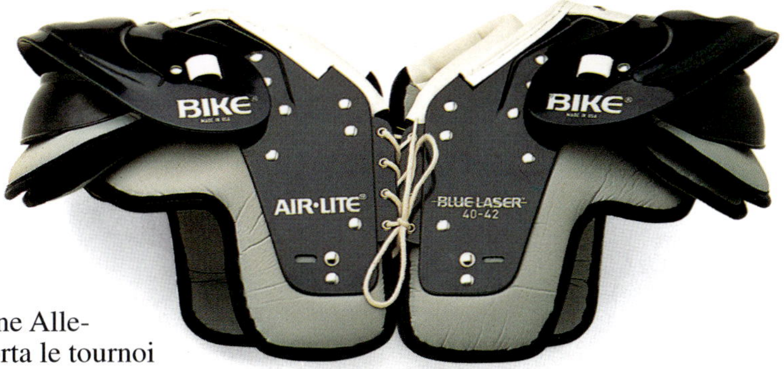

Protection pour les épaules

Q 849. Dans quel sport doit-on revêtir cette protection pour les épaules?

Gant de base-ball

Joueur de tennis au service

Q 843. Dans quel sport utilise-t-on une batte: au tennis, au base-ball ou au polo?

Q 844. Au tennis, quelle est la différence entre une volée et une demi-volée?

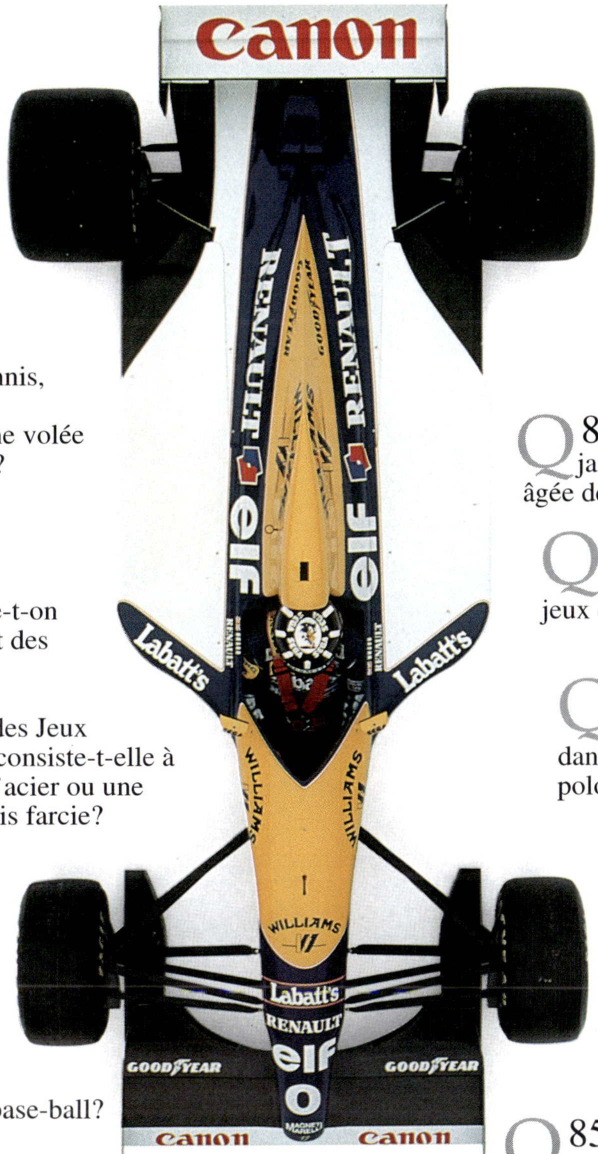

Voiture de course Renault

Q 850. Qu'est-ce qu'un terrain de base-ball peut avoir qui fasse l'envie de tous les bijoutiers?

Q 851. Si en jouant on passait 'd'égalité' à 'avantage' pour l'un de nous, à quel jeu serions-nous en train de jouer?

Q 852. La plus vieille personne qui ait jamais terminé un marathon était-elle âgée de 78, 88 ou 98 ans?

Q 853. De quelle nation a-t-on dit: "Ils sont très forts pour inventer des jeux et les perdre"?

Q 845. Dans quel sport trouve-t-on des 'albatros', des 'eagles' et des 'birdies'?

Q 846. L'une des disciplines des Jeux écossais dans les Highlands consiste-t-elle à lancer un tronc d'arbre, un câble d'acier ou une panse de brebis farcie?

Q 854. Dans quel sport attrape-t-on la balle dans un gant de cuir: au polo ou au base-ball?

Sifflet d'arbitre

Balle de cricket frappant le guichet

Q 847. Dans quel sport l'arbitre utilise-t-il un sifflet: au tennis, en boxe, au football ou au base-ball?

Q 848. Lequel de ces ballons n'est pas rond: le ballon de football, le ballon de basket-ball ou le ballon de rugby?

Q 855. En course automobile, quelle est la plus rapide: la Formule 1, la Formule 2 ou la Formule 3?

Les Jeux olympiques

Q 856. L'emblème olympique est une série d'anneaux imbriqués les uns dans les autres: combien y en a-t-il?

Q 857. Que représentent ces anneaux: les continents, différents sports ou les nations fondatrices des Jeux olympiques?

Q 858. Quelle médaille remporte-t-on si on finit troisième?

Chronomètre utilisé pour chronométrer les épreuves sportives

Q 859. Quand la fin d'une course est tellement serrée que le chronomètre ne peut déterminer le gagnant, à quel procédé fait-on alors appel?

Q 860. Qui fut la première gymnaste à décrocher le score parfait de 10 aux Olympiades: Olga Korbut ou Nadia Comaneci?

Q 861. Quand les sauteurs en hauteur utilisent la technique dite du 'Fosbury Flop', franchissent-ils de la barre de face ou de dos?

Q 862. Quel sport des Jeux olympiques d'hiver se déroule sur un tremplin géant et un petit tremplin?

Q 863. Au cours des Olympiades de 1988, le Canadien Ben Johnson remporta le 100 mètres en battant le record du monde mais il dut rendre sa médaille d'or. Pourquoi?

Chaussure de sport permettant une meilleure adhérence sur les circuits de course

Q 864. Les Jeux olympiques ont-ils lieu tous les 2, 4 ou 6 ans?

Gymnaste effectuant un exercice au sol

Q 865. Quelle est la distance la plus longue parcourue dans les épreuves d'athlétisme aux Jeux olympiques?

Q 866. Quel est le lien entre la gymnastique et les chevaux?

Q 867. Dans quel pays se trouvait le site des Jeux olympiques de l'Antiquité: en Italie, en Grèce ou en Israël?

Q 868. Une seule personne remporta 7 médailles d'or lors des mêmes Olympiades. De qui s'agit-il: d'un patineur, d'un nageur ou d'un coureur?

Q 869. Quelles sont les seules épreuves d'athlétisme en équipe aux Jeux olympiques?

Pistolet de tir rapide utilisé dans les épreuves de tir

Q 870. Combien de disciplines comporte le décathlon?

Q 871. Quelle discipline comporte le tir au pistolet, le saut d'obstacles à cheval, l'escrime, la natation et une course de fond?

Q 872. Quelle discipline olympique réservée aux femmes comprend des exercices au sol avec des rubans, des ballons, des cerceaux, des cordes et des massues?

Q 873. Quel dirigeant tristement célèbre refusa de remettre des médailles au plus grand athlète des Jeux olympiques de Berlin en 1936?

Q 874. Lors des épreuves de tir au pistolet, les concurrents restent-ils debout ou se couchent-ils?

Q 875. Que peut-on lancer le plus loin: le poids ou le disque?

Poids féminin, poids masculin et disque

Skieur négociant la pente

Q 876. Combien de personnes comportent les équipages des plus longs esquifs aux Olympiades: 5, 8 ou 9?

Q 877. Quel est le plus grand nombre de médailles d'or remporté par une personne au cours de sa carrière olympique: 8, 10 ou 12?

Q 878. Les boxeurs portent-ils des casques aux Jeux olympiques?

Q 879. Deux des éléments du triple saut sont le cloche-pied (ou sautillement) et la foulée. Quel est le troisième?

Q 880. Au ski, quelle discipline est la plus rapide: le slalom, le slalom géant ou la descente?

Q 881. Le film '*Les Chariots de Feu*' avait-il pour sujet la course à pied, le cyclisme ou le bobsleigh?

Q 882. Une personne reçut 35.000 lettres d'amour après avoir remporté une médaille d'or. S'agissait-il d'un nageur, d'un skieur ou d'un patineur?

Q 883. Quelle fut la durée de la plus longue carrière olympique à ce jour: 30, 40 ou 50 ans?

Q 884. Lors des épreuves équestres de saut d'obstacles, les concurrents cherchent-ils à obtenir un gros score ou un petit score?

Q 885. Le biathlon comporte deux disciplines sportives. L'une d'elles est le ski de fond. Quelle est l'autre?

Q 886. Quel est le style de nage le plus rapide aux Jeux olympiques?

Q 887. Aux Jeux olympiques, comment les nageurs arrêtent-ils le chronomètre en fin de course?

Q 888. Que peut-on lancer le plus loin: le marteau ou le javelot?

Q 889. Quelle course sur piste se court en sautant au-dessus de barrières et de plans d'eau: les haies, le marathon ou le steeple-chase?

Q 890. Où logent les athlètes pendant la durée des Jeux olympiques?

Q 891. Quel est le symbole olympique qui ne peut jamais s'éteindre pendant la durée de l'Olympiade?

Q 892. Dans quelle discipline sportive voit-on les athlètes arborer une pince sur le nez?

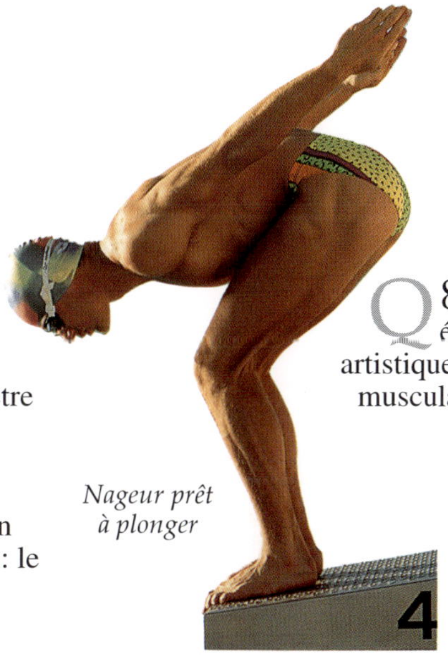

Nageur prêt à plonger

Q 893. Quels sont les meilleurs danseurs aux Jeux olympiques d'hiver?

Q 894. Laquelle de ces disciplines sportives n'est pas une discipline olympique: la voile, le basket-ball, le tennis ou la musculation?

Q 895. De quelle année datent les premières olympiades modernes: de 1846, 1896 ou 1926?

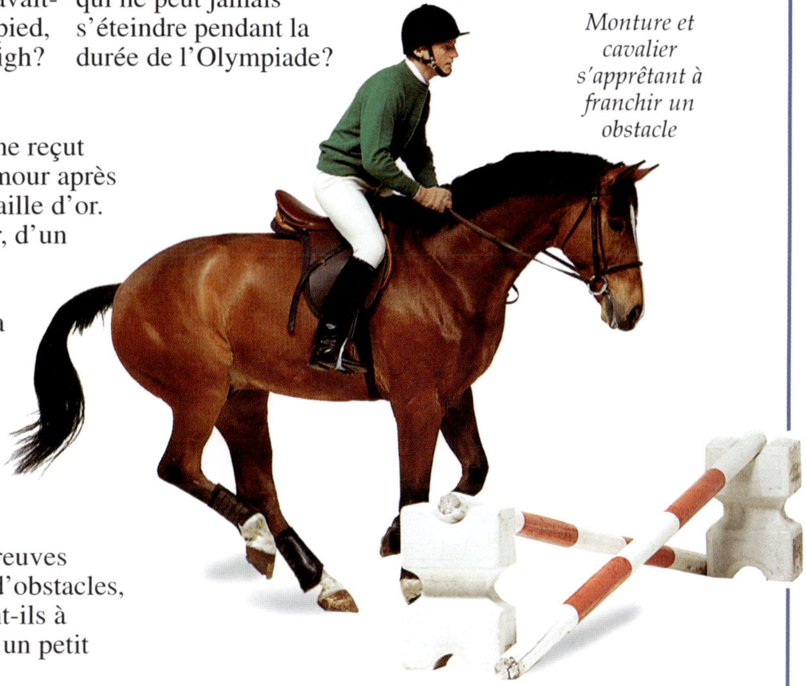

Monture et cavalier s'apprêtant à franchir un obstacle

Q 896. Combien de nations participèrent aux Jeux olympiques de 1992: 109, 139 ou 169?

Q 897. Quelle ville l'emporta après avoir posé sa candidature pour être l'organisatrice des Jeux olympiques de l'an 2000: Manchester, Atlanta ou Sydney?

Q 898. Le dressage est-il une épreuve pour le patinage artistique, l'équitation, le ski ou la musculation?

Q 899. Quel pays remporta le plus de médailles d'or aux Jeux olympiques de 1944: l'Allemagne, les Etats-Unis ou la Grande-Bretagne?

L'art & l'architecture

Q 900. Que font les architectes?

Q 901. Quelle est la différence entre des artistes et des artisans?

La villa Savoye, réalisée par Le Corbusier, un achitecte suisse célèbre, dont le vrai nom était Charles-Edouard Jeanneret

Q 902. Dans une cathédrale, où trouve-t-on un crochet et un épi?

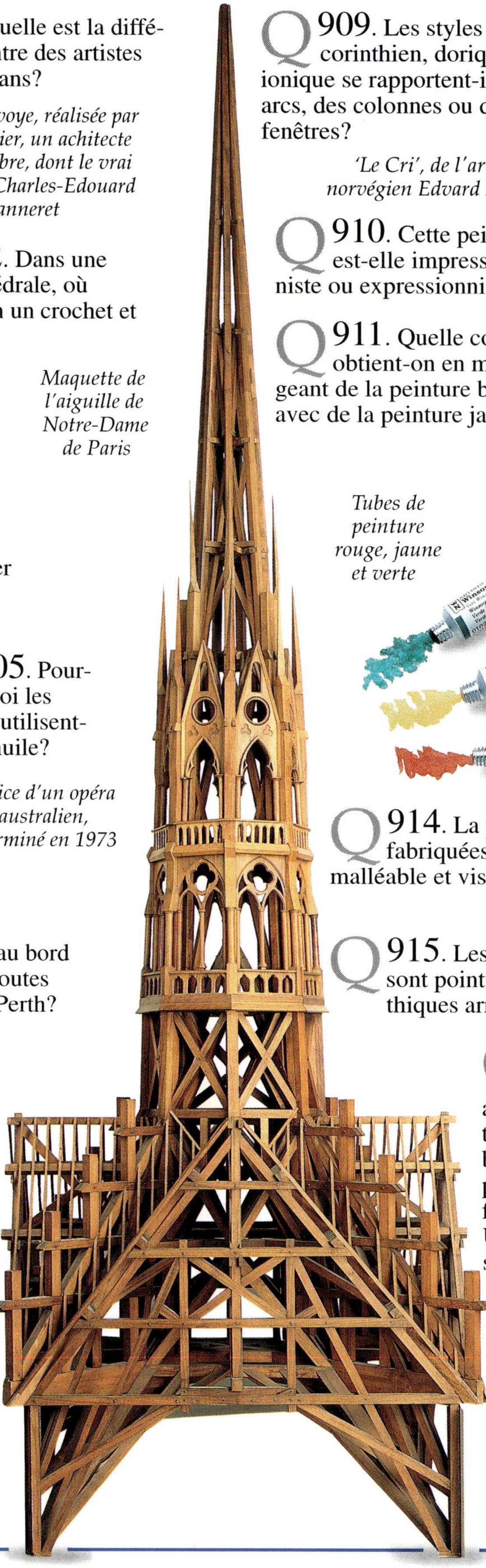

Maquette de l'aiguille de Notre-Dame de Paris

Q 903. Cette maison de verre et de béton fut-elle construite au XVIIIe, XIXe ou XXe siècle?

Q 904. Un viaduc est un pont qui porte une route ou un chemin de fer par-dessus une vallée. Que transporte un aqueduc?

Q 905. Pourquoi les peintres utilisent-ils de l'huile?

Edifice d'un opéra australien, terminé en 1973

Q 906. Cet opéra célèbre se trouve au bord de l'eau et ressemble à un bateau toutes voiles dehors. Où est-ce: à Sydney ou à Perth?

Q 907. Les églises médiévales présentent souvent des têtes grotesques telles que celle-ci sculptée sur la façade. Comment les appelle-t-on: des gargouilles ou des diablotins?

Diable aux oreilles de chauve-souris

Q 908. Comment appelle-t-on un artiste qui fait des statues?

Q 909. Les styles corinthien, dorique et ionique se rapportent-ils à des arcs, des colonnes ou des fenêtres?

'Le Cri', de l'artiste norvégien Edvard Munch

Q 910. Cette peinture est-elle impressionniste ou expressionniste?

Q 911. Quelle couleur obtient-on en mélangeant de la peinture bleue avec de la peinture jaune?

Q 912. Quelle forme d'art obtient-on en assemblant et collant des petits fragments de verre ou de pierre?

Tubes de peinture rouge, jaune et verte

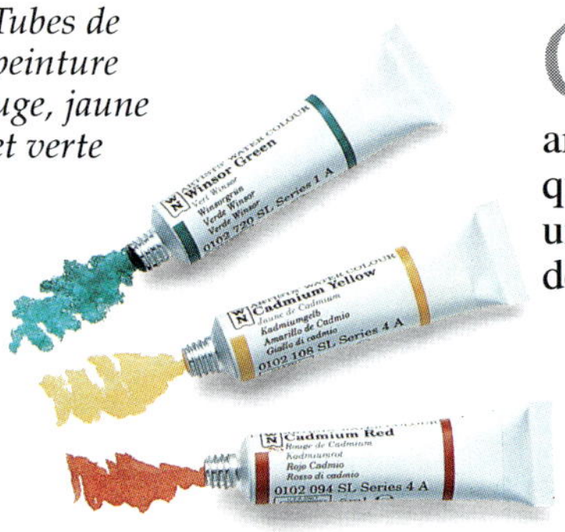

Q 913. Quand les artistes disent qu'ils vont faire une nature morte, de quoi s'agit-il?

Q 914. La plupart des briques sont fabriquées en cuisant un matériau malléable et visqueux. De quoi s'agit-il?

Q 915. Les arcs de style roman sont pointus et les arcs gothiques arrondis. Vrai ou faux?

Q 916. Comment appelle-t-on les très hauts buildings érigés pour la première fois aux Etats-Unis au XIXe siècle?

Q 917. De quel matériau sont faits les meilleurs pinceaux: de crin ou de poils de martre?

Pinceaux en pur sanglier

La danse

Danser sur musique de jazz

Q 918. Quand les ballerines commencèrent-elles à danser sur la pointe des pieds: au XVIIe, au XIXe ou au XXe siècle?

Q 919. Combien de positions de pieds y a-t-il en danse classique: 5, 7 ou 10?

Q 920. Quelle danse élégante et gracieuse est originaire d'Autriche et date du XIXe siècle?

Q 927. Quel style de danse est né dans les rues de New York dans les années 80?

Q 928. Avec quoi bourre-t-on la pointe des chaussons de danse?

Q 929. Quelle danse moderne célèbre fut rendue populaire par Madonna?

Chaussons de ballet

Danseuse de jazz

Q 921. Quel film américain de 1980 a pour toile de fond une école des arts du spectacle?

Q 922. Quelle ballerine fut l'étoile de la comédie musicale de 1948 '*The Red Shoes*': Moira Shearer, Marilyn Monroe ou Doris Day?

Q 923. Qu'est-ce que le gymnaste français Jules Léotard inventa au XIXe siècle?

Q 924. Quel duo légendaire de la danse tenait le rôle principal dans le film de 1935 '*Top Hat*'?

Q 925. Quel film de 1977 fit de John Travolta un maître de la danse?

Q 926. Quelle danse espagnole où l'on tape des pieds est devenue célèbre dans le monde entier?

Q 930. Qu'appelle-t-on un 'petit rat de l'Opéra'?

Q 931. Quel roi de France ouvrit la première école de ballet en 1661: Louis XII, Louis XIV ou Louis XV?

Q 932. Comment appelle-t-on la jupe courte et raide d'une ballerine?

Q 933. Quel acteur américain dansa et chanta sous la pluie en 1956?

Q 934. Quelle comédie musicale moderne est célèbre pour les acrobaties incroyables des danseurs sur patins à roulettes?

Danseurs de quadrille

Q 935. Comment appelle-t-on la personne qui compose les pas pour un ballet ou une danse?

Q 936. D'où proviennent les quadrilles: d'Amérique du Nord, d'Afrique ou d'Europe?

La musique

Sax baryton

Q 937. Quel est le point commun entre un alto, un baryton, un wind synth et un ténor?

Q 938. Quel compositeur italien écrivit l'opéra '*Aïda*' en 1871: Antonio Vivaldi, Giuseppe Verdi, Gioacchino Rossini ou Vincenzo Bellini?

Q 939. Quel chanteur reçut un disque de platine en 1969 pour commémorer la vente de son 200 millionième disque: Bing Crosby, Frank Sinatra ou Tom Jones?

Q 940. Quel est le plus grand de ces instruments à cordes: le violoncelle, la guitare, le violon ou la contrebasse?

Q 941. Quel est le point commun entre Maria Callas, Kiri Te Kanawa et Luciano Pavarotti?

Q 942. Quel est le point commun entre '*Les Noces de Figaro*', '*Don Giovanni*' et '*La Flûte Enchantée*'?

Guitare

Q 943. Qui tient une baguette?

Cor anglais

Q 944. De quelle famille font partie le cor, le trombone et la trompette: des cuivres, des instruments à vent ou des instruments à cordes?

Q 945. Quel chanteur de rock and roll américain a vendu des millions de disques, joué dans 33 films et est devenu une légende depuis sa mort?

Q 946. Quel morceau de musique classique composé par Georg Friedrich Haendel en 1741 illustre certaines parties de la Bible et est surtout illustre par son Hallelujah?

Q 947. Quelle musique populaire du XVIIe siècle et du début du XVIIIe siècle doit son nom au style architectural complexe de l'époque: la musique romanesque, baroque ou gothique?

Q 948. Qui écrivit de nombreux ballets célèbres dont '*Roméo et Juliette*', '*Le Lac des cygnes*' et '*La Belle au bois dormant*'?

Piano à queue

Q 949. En quelle année le premier opéra fut-il composé?

Q 950. Quels sont les deux membres des Beatles qui ont écrit les chansons de leur groupe?

Q 951. Combien de touches y a-t-il sur un piano à queue: 44, 66 ou 88?

Instrument indien du XXe siècle

Quatuor à cordes

Q 952. Lequel de ces chanteurs américains de folk est très célèbre pour ses chansons contestataires des années 1960: Bob Dylan, Miles Davis ou Jimi Hendrix?

Q 953. Qui révolutionna le jazz dans les années 1920 avec ses superbes solos de trompette?

Q 959. Cet ensemble de musiciens s'appelle un quatuor à cordes. Pouvez-vous identifier les quatre instruments dont ils jouent?

Q 956. Quel grand instrument comportant de nombreuses cordes est souvent associé aux anges?

Q 957. Quelle star légendaire du reggae jamaïquain chantait '*Buffalo Soldier*', '*No Woman No Cry*', et '*Exodus*'?

Q 958. Connaissez-vous le nom du groupe suédois qui remporta l'Eurovision en 1974 avec son hit 'Waterloo'?

Flûte des îles Fidji

Crécelle nigériane

Crécelle sur bâton

Crécelle indienne avec tambourin

Crécelle en acier

Q 960. Comment joue-t-on de cette flûte originaire des îles Fidji?

Q 961. Que fait-on avec un didgeridoo?

Q 962. Quel instrument consiste en une série de sonnailles fixées sur un cercle en bois, que l'on peut tenir en main et dont on peut jouer en dansant?

Q 963. Le synthétiseur peut imiter le son de tous les autres instruments. Que peut-il faire d'autre?

Q 964. Comment produit-on de la musique avec une crécelle?

Synthétiseur

Q 954. Comment appelle-t-on un grand ensemble de musiciens qui jouent de la musique classique?

Q 955. Comment s'appelle cet instrument populaire indien?

Q 965. Quelle est la célèbre comédie musicale dont la première eut lieu à Londres en 1968 et qui chantait les idéaux des années 60 tels que la paix, l'amour et la liberté: '*Hair*', 'Grease' ou '*Le Fantôme de l'Opéra*'?

Q 966. Comment s'appelle la comédie musicale de 1961 qui a New York pour toile de fond et est inspirée de '*Roméo et Juliette*'?

Q 967. Quand les Beatles se séparèrent-ils: en 1950, 1960 ou 1970?

Le cinéma, la télévision & le théâtre

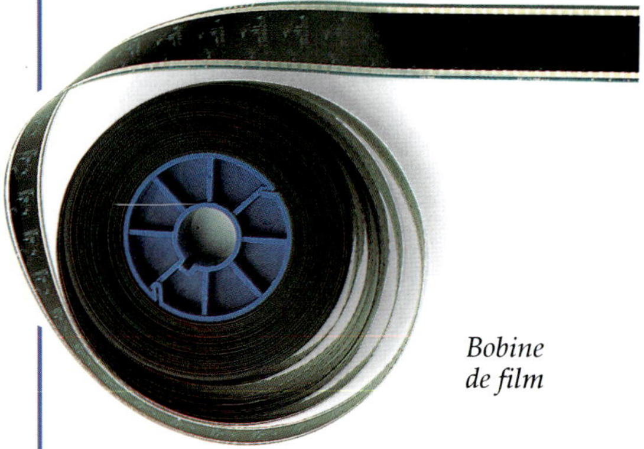

Bobine de film

Q972. Qui est l'auteur de 'Mickey Mouse', 'Donald Duck', 'Les 101 Dalmatiens' et d'un 'univers féerique' qui porte son nom?

Q973. Quel fut le premier pays à réaliser des émissions télévisées régulières: les Etats-Unis, la Grande-Bretagne ou la France?

Q979. Comment appelle-t-on l'histoire d'un film?

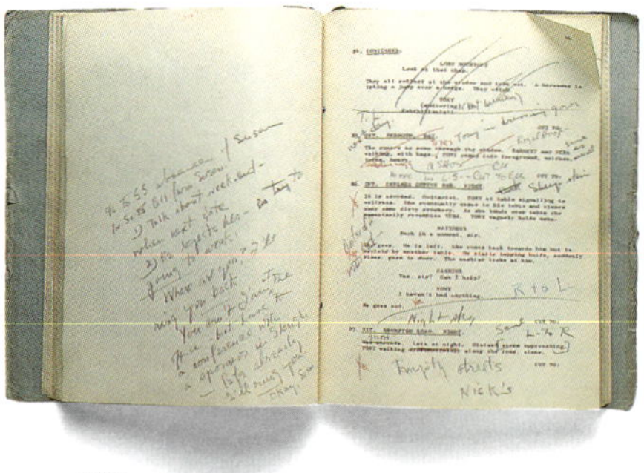

Scénario de film

Q968. Combien de mètres de film par minute utilise-t-on au cinéma: 7, 27 ou 47?

Q969. Combien de champions olympiques de natation ont joué le rôle de Tarzan?

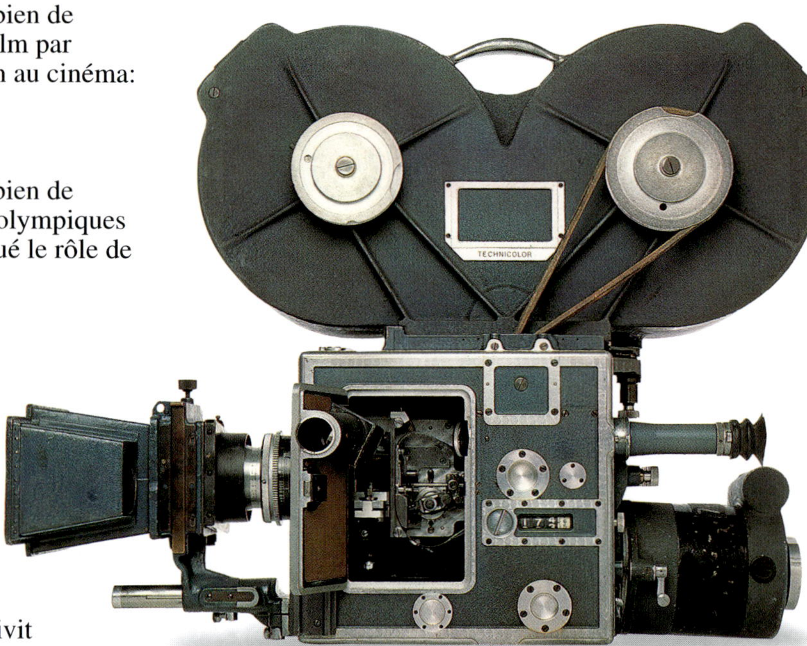

Caméra technicolor à trois bandes de 1932

Q970. Il écrivit *'Hamlet'*, *'Le Roi Lear'* et *'La Nuit des rois'* et la première de bon nombre de ses pièces de théâtre fut présentée au Globe Theatre. Qui est-il?

Q974. Pourquoi cette caméra fut-elle baptisée une caméra à trois bandes?

Q975. Qu'est-ce que le contraire d'une comédie, au théâtre?

Q980. Où est né le théâtre européen: en Grèce, en Grande-Bretagne ou en Italie?

Q981. Quel personnage fictif a joué dans le plus de films: Dracula ou Sherlock Holmes?

Q982. Que se passa-t-il aux Etats-Unis en 1983 pour doter les émissions télévisées d'une nouvelle dimension?

Q983. Combien d'images contient une seconde d'action de dessin animé: 6, 12 ou 24?

Matériel pour la réalisation de bandes dessinées

Q976. Quelle manifestation sportive bénéficie du taux d'écoute le plus élevé: les Jeux olympiques ou la Coupe du monde de football?

Q977. Pourquoi le film *'The Jazz singer'* de 1927 a-t-il fait date dans l'histoire du cinéma?

Q978. Où trouve-t-on généralement des fauteuils d'orchestre, des loges, un premier balcon et un deuxième balcon?

Le Globe Theatre à Southwark, Londres, Angleterre

Q971. Qu'est-ce que le 'petit écran'?

Souvenirs de films

Q A quels films, acteurs ou personnages peut-on associer ces objets?

La lumière était projetée à travers le praxinoscope, un cylindre à miroirs

Q 984. Pourquoi inventa-t-on le praxinoscope?

Q 985. Est-ce que cet appareil est un agenda électronique, un ordinateur pour contrôler la circulation ou une télévision?

Appareil miniature

Q 986. Quelle ville de Californie est le centre de production de films le plus célèbre du monde?

Q 987. Qui est le réalisateur de '*Jurassic Park*', '*E.T.*' et '*les Dents de la mer*': Steven Spielberg ou George Lucas?

Fauteuil metteur en scène

997.

996.

998.

999.

1000.

1001.

Q 992. Que dit le réalisateur pendant le tournage pour arrêter la caméra?

Ticket de cinéma

Q 993. Dans quel pays produit-on le plus de films: aux Etats-Unis, en Inde ou en France?

Q 994. Quel pays possède le taux de fréquentation des cinémas le plus élevé: les Etats-Unis ou la Chine?

Q 995. Quel film remporta 11 Oscars à lui seul: '*Ben Hur*', '*Autant en emporte le vent*' ou '*Home Alone*'?

Q 988. Combien de fois par seconde les images télévisées sont-elles renouvelées: 5, 25 ou 50 fois?

Le côte intérieur d'un poste de télévision de 1930

Q 989. Qu'utilise l'opérateur de la girafe dans une équipe de tournage: un enregistreur ou un microphone?

Q 990. Quel son horrible imitent les ingénieurs du son quand ils font des effets spéciaux pour un film et scient un chou en deux?

Q 991. Cette caméra fut-elle créée aux Etats-Unis ou en France?

Caméra à manivelle, utilisée dans les films comiques.

Réponses

La préhistoire

1 Oui, un 'supercontinent' appelé Pangée.
2 Environ 165 millions d'années.
3 Les premières fleurs apparurent à l'âge des dinosaures.
4 Faux, il signifie 'saurien terrible'.
5 3; '*tricératops*' signifie 'face à trois cornes'.
6 En 1842. On avait déjà décrit les dinosaures en 1824, mais leur nom ne fut créé qu'en 1842.
7 Un *archæoptéryx*, le seul animal à plumes des 3.
8 Les crocodiles et les alligators.
9 Il y a 65 millions d'années. Ils disparurent soudainement sans raison connue.
10 Celui des tortues est le plus ancien.
11 A l'iguane. Le terme 'iguanodon' fut inventé en 1825.
12 De l'ambre. Elle contient parfois des insectes.
13 Son cerveau avait la taille d'une noix.
14 Un saurien à piquants; il avait des piquants sur la tête.
15 Une nageoire dorsale, dont la fonction est inconnue.
16 1 œuf d'*hypselosaurus* avait la taille de 5 œufs de poule.
17 La taille d'un chien.
18 Il mesurait 15 mètres de long.
19 Vrai, il y en avait déjà 170 millions d'années avant les premiers oiseaux.
20 *Tyrannosaurus*; 'rex' signifie roi.
21 Dans '*Jurassic Park*', le film le plus rentable de tous.
22 Le *ptéranodon*, un 'cousin' du dinosaure.
23 Sur la tête; ces petites dents lui auraient permis de s'accrocher à d'autres requins.
24 Herbivore.
25 Parce qu'il était supposé avoir disparu en même temps que les dinosaures. C'est un 'fossile vivant'.
26 On ne les connaît pas car leurs couleurs n'ont pas été conservées.
27 Son pouce pointu lui servait à se défendre.
28 '*Lucy in the Sky with Diamonds*' des Beatles, à la radio au moment de sa découverte.
29 Dans les *Flintstones*.
30 Le charbon, extrait pendant plusieurs centaines d'années comme combustible.
31 Parce que les voitures ne peuvent pas rouler sans essence, un carburant dérivé du pétrole, issu à son tour des fossiles.
32 Des mammouths ou des mastodontes.
33 A l'Himalaya, qui continue à s'élever.
34 4; le terme grec 'tetra' signifie '4'.
35 Non, la baleine bleue est le plus grand animal de tous les temps.
36 Aux Etats-Unis; suivis de la Chine.
37 Vrai, on y trouva aussi les restes d'éléphants, d'un rhinocéros et d'un lion.

Les reptiles & les amphibiens

38 Le crocodile marin; il peut mesurer jusqu'à 8 m de long.
39 La tortue de Marion pouvait vivre pendant plus de 152 ans.
40 Non, mais il ressemble au serpent corail qui est venimeux.
41 Au large des côtes australiennes; c'est le serpent marin de Belcher.
42 18 mm de long, sans compter la queue; c'est le sphérodactyle des îles Vierges britanniques (un gecko).
43 Certains serpents peuvent avoir jusqu'à 400 vertèbres.
44 De la température; la chaleur accélère l'éclosion des œufs.
45 Une tortue; elle gagne une course contre un lièvre. Cette fable a été surtout popularisée par la Fontaine.
46 C'est une tortue malodorante.
47 Un lézard; le varan de Komodo, originaire d'Indonésie, est le plus grand lézard du monde. Il peut mesurer jusqu'à 3,1 m de long et est carnivore.
48 Il a la taille d'un ballon de basket.
49 3; il a un troisième œil sur le sommet de la tête.
50 Ils changent de couleur pour s'adapter à leur environnement.
51 Non, ce sont des animaux à sang froid.
52 Une tortue cuir.
53 Parce que le sol est trop chaud pour ses pattes, alors il les soulève alternativement comme s'il dansait.
54 Les alligators.
55 Parce qu'ils mangent les moustiques et les mouches.
56 La vipère du Gabon, découverte en Afrique. Ses crochets peuvent mesurer jusqu'à 50 mm.
57 30 minutes; elle se déplace à du 0,2 km/h.
58 Le lézard; le cnémidophore à six bandes d'Amérique peut se déplacer à du 29 km/h.
59 Le crapaud se transforme en prince charmant. Hélas, ce n'est pas la réalité!
60 Sa peau est entièrement recouverte de glandes venimeuses.
61 Dans l'eau; chaque œuf est enveloppé dans une substance gluante.
62 Oui, il ressemble à un ver mais a des dents.
63 La grenouille; le crapaud a généralement une peau sèche et verruqueuse.
64 Parce que leurs globes oculaires rentrent quand elles clignent des yeux et les aident à faire descendre la nourriture.
65 C'est un crapaud du Surinam; au moment de la ponte, le mâle applique les œufs sur le dos de la femelle et les comprime fortement. Chaque œuf s'enkyste dans la peau, s'y enfonce et se recouvre d'une pellicule sous laquelle éclôt un petit.
66 Il peut tuer 1.500 personnes.
67 Dans '*Les grenouilles qui demandent un roi*', une fable illustrant le défaut des hommes jamais satisfaits de leur situation.
68 Dans le feu.
69 Une ménopome est une sorte de salamandre.
70 Ce sont les seuls amphibiens à avoir une queue.
71 Il peut en manger 100 en une nuit.
72 Ils ont 4 semaines; ils se transforment en grenouilles vers 12 semaines.
73 A l'aide de ses couleurs vives.
74 Les hommes-grenouilles, qui nagent sous l'eau.
75 Dans le *Muppet Show*, où Kermit la grenouille est aimée par Miss Piggy.
76 A Goliath; cette grenouille peut mesurer jusqu'à 40 cm de long.
77 Parce que la plupart des amphibiens commencent leur vie dans l'eau avant de remonter sur la terre.
78 Il est de plus de 5 m en un seul saut.
79 Non, celles qui ont de courtes pattes peuvent seulement marcher, ramper ou sautiller.

L'univers marin

80 C'est une morue ronde.
81 L'océan est de loin leur plus grand habitat.
82 Le narval, également appelé la licorne des mers.
83 Le requin bleu; il remonte jusque dans la Manche.
84 Le cachalot; son cerveau peut peser jusqu'à 9,2 kg.
85 A extraire des crustacés du fond de la mer.
86 La galère; elle possède un demi-million d'aiguillons.
87 Non, le squelette du requin est formé de cartilage.
88 Ce sont des animaux qui filtrent leur nourriture dans l'eau.
89 Oui, mais ils doivent se réveiller après quelques minutes pour remonter à la surface et respirer.
90 Les calmars saisissent leur proie à l'aide de leurs ventouses et la paralysent au moyen d'un poison mortel.
91 La pieuvre à anneaux bleus.
92 Pour troubler l'eau et échapper ainsi à leurs ennemis.
93 Dans '*A travers le miroir*'.
94 Oui, les poissons volants ou exocets ont de larges nageoires qui leur servent d'ailes et leur permettent de glisser sur les vagues.
95 Ils possèdent une poche incubatrice ventrale dans laquelle se développent leurs petits.
96 Non, c'est sa coquille qui lui donne sa rigidité.
97 Les baleines bleues mangent 4 tonnes d'algues marines par jour.
98 Une nouvelle coquille se forme sous l'ancienne.
99 Le requin est un poisson tandis que le dauphin est un mammifère.
100 Le pandaka libwilli des Philippines; il mesure environ 1 cm.
101 Le piranha d'Amérique du Sud aux dents aussi affûtées que des lames de rasoir; certains attaquent n'importe quoi.
102 Elle utilise ses bras pour ouvrir les crustacés, puis fait sortir son estomac pour avaler sa proie et la digérer.

103 Le poisson-lune; on a trouvé un spécimen contenant 300 millions d'œufs.
104 L'orque ou épaulard; il s'empare de phoques et d'otaries sur certaines plages.
105 Il se couche sur le fond de la mer et s'enterre partiellement dans le sable.
106 Plusieurs poissons qui nagent ensemble forment un banc.
107 Parce que l'on peut manger ses œufs, que l'on appelle du caviar.
108 Ils sont protégés par une épaisse couche de graisse, qui se trouve juste en dessous de la peau.
109 Parce qu'ils sont apparus il y a plusieurs millions d'années.
110 Il se gonfle pour avoir l'air le plus gros et le plus féroce possible.
111 Le Verseau et le Bélier.
112 L'archer-cracheur; il peut sortir de l'eau, saisir sa proie et l'assommer.
113 Le bénitier géant peut vivre 100 ans.
114 Les dipneustes; des poissons à branchies et poumons.
115 Le cachalot; il peut mesurer jusqu'à 20 m tandis qu'un calmar géant ne mesure que 18 m.
116 Non, mais les phoques, les otaries et les morses sont des pinnipèdes. Les dauphins sont des cétacés.
117 Le grand requin blanc a 3 rangées de dents.
118 Les moustaches sensibles du poisson-chat lui servent à sélectionner sa nourriture.
119 Le poisson-épée; sa mâchoire supérieure peut mesurer jusqu'à 1,5 m de long.
120 Elle pique à l'aide de ses tentacules.
121 Le bernard-l'hermite; il change de coquille quand l'ancienne devient trop petite.
122 Elle dresse ses épines dorsales pour piquer.

Les canidés & les félins

123 Le loup marsupial, qui appartient à la famille des marsupiaux, comme son nom l'indique.
124 Faux, il y en a environ 400.
125 Les oreilles basses sont le signe de la crainte ou de la soumission.
126 Pluto est le chien de Mickey Mouse.
127 Les dingos d'Australie sont probablement les ancêtres les plus directs de nos chiens domestiques.
128 Une herbe vivace, à racines développées, nuisible aux cultures.
129 *Le chien des Baskerville*.
130 Les renards chassent seuls.
131 Le fennec, qui vit dans le Sahara.
132 Le chien de prairie; c'est un rongeur d'Amérique du Nord.
133 Laïka, une chienne russe; c'était en 1957.
134 Ils marchent sur le bout de leurs pattes.
135 L'odorat; il utilise son flair pour chasser et trouver

ses partenaires.
136 Sirius, le Grand Chien.
137 Sa crinière; la plupart des chiens n'en ont pas.
138 La femelle du renard est une renarde.
139 Parce qu'ils sont myopes.
140 Romulus et Rémus; ils fondèrent la ville de Rome.
141 Ce renardeau a 10 semaines.
142 La superficie maximale est d'environ 1.000 km^2.
143 16 heures; deux fois plus longtemps que la plupart des mammifères.
144 Le lion de Némée.

145 Le guépard; il peut se déplacer à du 95-100 km/h.
146 Le chat de l'île de Man.
147 '*Le lion*' de Joseph Kessel.
148 Le lion a une magnifique crinière.
149 Pour pouvoir chasser de plus gros animaux et protéger leurs petits.
150 Les lions sont toujours les premiers à manger.
151 Le guépard ne peut pas rentrer ses griffes.
152 '*Cats*' d'Andrew Lloyd Webber.
153 Le signe du Lion.
154 Le chat des sables, qui vit dans le désert du Sahara.
155 A Londres, en 1871.
156 Le tigre; le tigre mâle de Sibérie mesure environ 3,15 m de long.
157 On l'appelle une panthère.
158 Ils lui auraient rendu un culte.
159 Charles Perrault créa le *Chat botté*.
160 Shere Khan.
161 Les citoyens de l'Egypte antique pensaient que le chat était un animal sacré.
162 Oui, tous les grands félins rugissent, mais ils ne peuvent pas ronronner.
163 L'herbe aux chats (la cataire), dont l'odeur les excite.

Les mammifères

164 Non, elles ont une très bonne vue.
165 Une mule.
166 Pour se balancer de branche en branche sur la cime des arbres.
167 Il se roule en boule pour protéger son ventre.
168 L'éléphant de mer, nom usuel du phoque à trompe.
169 Oui, elles se couchent sur le dos et s'enroulent dans des algues marines pour ne pas être emportées par le courant.
170 L'éléphant d'Afrique est plus grand, a de plus longues défenses et de plus grandes oreilles.
171 Le porc-épic tourne le dos à son ennemi, fait du bruit avec ses piquants, grogne, puis refait face.
172 Une matière dure appelée l'ivoire.
173 Les koalas ne mangent que les feuilles de certains eucalyptus.
174 Un animal poilu à sang chaud, dont les petits sont formés dès la naissance et allaités par leur mère.
175 Le chimpanzé.
176 Pour protéger leurs sabots.
177 Plus de 6 mois dans les pays froids.
178 Ils paissent en troupeau; à cause des zébrures, les lions ne parviennent pas facilement à distinguer un individu parmi le troupeau.
179 Pour se rafraîchir quand il fait chaud.
180 Les vaches marines, qui se nourrissent d'algues.
181 22 mois, c'est-à-dire plus longtemps que celle des autres animaux.
182 Un animal qui a une poche ventrale dans laquelle il porte ses petits.
183 L'ornithorynque et l'échidné sont les seuls mammifères qui pondent.
184 En Amérique du Sud, dans les montagnes.
185 La taupe.
186 Toutes les 4 semaines.
187 Les herbivores ne se nourrissent que de végétaux.
188 Moby Dick est blanche.
189 Le chimpanzé.
190 Le panda géant se nourrit essentiellement de bambou; or, de grandes forêts de bambous ont été abattues en Chine.

191 Oui, le singe et les hommes sont des primates, c'est-à-dire des êtres dotés, entre autres, d'un grand cerveau.
192 Le lapin vit dans un terrier.
193 Le craseonycteris, une chauve-souris à nez de cochon.
194 Pour des raisons sociales et pour entretenir leur fourrure.
195 Le hamster emmagasine de la nourriture dans ses joues.
196 Il peut aller au pas, au trot, au petit galop ou au galop.
197 Oui, leurs ailes sont de véritables pattes palmées.
198 On mesure sa taille au garrot, partie du corps située au-dessus de l'épaule, dans le prolongement de l'encolure.
199 Le petit du lièvre est un levraut.
200 Elle projette, par l'arrière, un liquide nauséabond sur ses ennemis.
201 Le paresseux; il se déplace très lentement et ne se réveille que la nuit.
202 Au Zaïre.
203 Ils se précipitent l'un sur l'autre et s'entrechoquent la tête et les cornes.
204 L'élan; un élan mâle peut peser jusqu'à 450 kg.
205 Oui, tous les ours savent nager et adorent l'eau.
206 Ils construisent des barrages pour retenir l'eau.
207 La fourrure de la belette devient blanche quand il y a beaucoup de neige.

Les oiseaux, les insectes & autres petits animaux

208 L'autruche, le plus grand oiseau du monde.
209 Le cygne américain; il a plus de 25.000 plumes.
210 Le paon; les 'yeux' sont des taches bleues.
211 Pour identifier plus facilement les sons qu'émet leur proie.
212 Dans ses plumes ventrales, qui fonctionnent comme une éponge.
213 Des serpents; les longues pattes du secrétaire (ou serpentaire) sont dotées d'écailles robustes qui le protègent contre les morsures venimeuses de ces reptiles.
214 Au-dessus; la pression atmosphérique diminue au-dessus de l'aile, ce qui crée un courant ascendant.
215 On a enregistré 90 battements par seconde chez un colibri cornu d'Amérique du Sud.
216 11.000 m; un vautour de Rüppell a heurté un avion à cette altitude.
217 De la salive, qu'elles utilisent pour fabriquer de petits nids en forme de bol.
218 Le faucon pèlerin; on a enregistré des plongeons d'individus de cette espèce à plus de 350 km/h.
219 La sterne fuligineuse reste dans le ciel entre 3 à 10 ans après avoir quitté son nid.
220 La sterne arctique, qui migre de l'été arctique à l'été antarctique (la plus longue migration de toutes).
221 La colombe blanche est le symbole de la paix.
222 Le cœur d'un rouge-gorge bat 600 fois par minute.
223 Le pélican d'Australie; son bec peut mesurer jusqu'à 47 cm de long.
224 Le calypte d'Hélène, un genre de colibri.
225 Icare; la cire de ses ailes fondit lorsqu'il fut trop près du soleil.
226 Le manchot empereur mâle.
227 Aucun, le dernier pigeon migrateur est mort dans un zoo en 1914.
228 Creux, mais beaucoup d'oiseaux coureurs et plongeurs ont des os massifs.
229 L'albatros; l'albatros hurleur peut avoir une envergure de 3,6 m.
230 C'est le seul oiseau à avoir un bec à courbure latérale.
231 De l'abeille, qui est leur modèle.
232 4 paires de chaussures; les araignées ont 8 pattes.
233 Des bombardiers; ils font jaillir de leurs extrémités un gaz accompagné d'un bruit sec et d'un écran de fumée.
234 Le charançon girafe.
235 Au Brésil, une araignée-loup.
236 Ce sont des femelles; les faux bourdons sont les mâles.
237 Le scorpion.
238 Le fils d'un agriculteur local a appâté 511 vers.
239 La soie; le ver à soie se transforme en grosse mite.
240 Lors de tests, il portait 850 fois son propre poids.
241 On suppose qu'elles se dirigent à l'aide de la lumière de la lune et des étoiles.
242 0,4 mm; soit la taille d'un point.
243 Le Goliath, qui doit son nom au célèbre géant philistin.
244 Aux rayons ultraviolets.
245 En papillons ou en mites.
246 Des filets de pêche.
247 Pour attirer leur partenaire.
248 On a trouvé une toile d'araignée tissant des toiles orbitales mesurant 6 m de circonférence.

Les fleurs & les plantes

249 La belle-de-jour, dont les fleurs s'ouvrent pendant la journée.
250 La châtaigne; les marrons ne sont pas comestibles.
251 Ils perdent leurs feuilles.
252 Le cèdre est un conifère; ses feuilles ressemblent à des aiguilles, il porte des cônes et ne perd pas son feuillage.
253 Un rejeton.
254 Une fois par an, puis elles meurent.
255 Oui, l'aloès vera et le jojoba sont deux des nombreuses plantes utilisées dans l'industrie cosmétique.
256 La sève de l'érable à sucre.
257 La tulipe est cultivée en abondance aux Pays-Bas.
258 Le chêne est un arbre feuillu; il perd ses feuilles en automne.
259 Non, les fougères, les mousses, les herbes de la Trinité et les lichens ne fleurissent pas.
260 L'étamine.
261 Le cheveu-de-Vénus de Chine.
262 Les Aztèques furent les premiers.
263 Ils conservent de l'eau dans leur tige.
264 L'araucaria est un conifère.
265 Ce processus s'appelle la photosynthèse.
266 Elles s'ouvrent par temps sec.
267 Le séquoia géant des Etats-Unis; il peut mesurer jusqu'à 83 m de haut.
268 Ses graines sont comestibles.
269 Parce qu'elles sont allergiques au pollen présent dans l'air.
270 Le carpelle.
271 Vrai, elle se compose de nombreuses petites fleurs.

272 A alimenter la plante en eau et en minéraux.
273 Le transfert du pollen de l'organe mâle à l'organe femelle.
274 A la côte.
275 Le rafflesia géant; elle peut atteindre 80 cm d'un côté à l'autre.
276 Un liquide sucré produit par les fleurs.
277 Leurs pétales tombent et des fruits apparaissent.
278 On l'appelle de la résine.
279 La chlorophylle; elle recueille l'énergie des rayons du soleil.
280 Le pollen est transporté par des animaux, des insectes ou par le vent.
281 Une feuille simple est formée d'une feuille unique tandis que les feuilles composées sont formées de plusieurs feuilles appelées des folioles.
282 La nuit, pour attirer les insectes nocturnes.
283 Il aide l'arbre en lui fournissant des substances nutritives.
284 A l'aide de leurs épines ou de leur mauvais goût.
285 Une forêt à l'état naturel, inviolée.
286 Le chêne porte des glands.
287 L'ail est censé repousser les vampires.
288 Pan était le dieu grec des bois et des troupeaux de moutons.
289 Oui, la dionée, par exemple.
290 En comptant les cercles concentriques sur sa souche.
291 Pour attirer les animaux et les insectes et être pollinisées.
292 Fleurons périphériques.
293 Fleurons du disque.
294 Pollen.
295 Fleurons périphériques.
296 Tige.

L'Egypte antique

297 Le corps embaumé d'une personne (ou d'un animal).
298 Les pharaons étaient les rois d'Egypte.
299 Son œil; l'œil d'Horus était censé protéger tout ce qui se trouvait derrière lui.

300 C'était une compilation de formules magiques censées aider les morts à accomplir le voyage jusqu'à l'autre monde. Il accompagnait souvent les défunts dans leur tombe.
301 Ils utilisaient du papyrus, fabriqué à partir de la tige du papyrus, qui poussait sur les bords du Nil.
302 Le sphinx; une créature magique avec un corps de lion et une tête de roi.
303 Sur la rive ouest, là où le soleil se couche.
304 La tonte était censée purifier leur esprit.
305 Une femelle hippopotame; les femmes priaient Taweret pendant l'accouchement.
306 94 ans; Pépi II devint pharaon à l'âge de 6 ans et était encore sur le trône à 100 ans; son règne est le plus long de tous les monarques.
307 C'étaient des tombes spéciales pour les pharaons.
308 Le dieu du Soleil; les Egyptiens pensaient que Khepri, une des représentations du dieu Soleil, faisait tourner ce dernier autour de la Terre comme le scarabée fait tourner une boule de bouse sur le sol.
309 Nout; c'était la mère du dieu Soleil.
310 Toutânkhamon; Briton Howard Carter découvrit sa tombe intacte en 1922.
311 C'était le symbole de la vie.
312 La déesse cobra; seuls les rois et les reines portaient des représentations de la déesse cobra, qui, d'après la croyance, crachait la mort sur ses ennemis.
313 Cléopâtre, héroïne de pièces de théâtre, de livres et de films.
314 Environ 6,5 millions de tonnes. Elle contient plus de 2,3 millions de pierres calcaires.
315 Heh, le dieu de 'plusieurs millions d'années'.
316 Les sandales en rotin étaient les chaussures les plus portées par toutes les couches sociales. Il y avait aussi des chaussures en cuir.
317 Parce qu'ils étaient sacrés; on a retrouvé 4 millions d'ibis momifiés dans un seul cimetière animal.
318 Dans le 'pays noir', aux bords du Nil, baptisé ainsi pour la couleur noire de son sol. Le 'pays rouge' était le désert.
319 En signe de deuil; si un chat domestique mourait dans une famille, tous les membres de celle-ci pouvaient se raser les sourcils. Les chats étaient sacrés.
320 C'était un jeu de société populaire. Les joueurs accomplissaient un voyage symbolique à travers le royaume des morts jusqu'au royaume du dieu Osiris.
321 En lin; ils étaient généralement blancs.
322 Dans la Vallée des Rois.
323 Un jour de malheur; le rouge évoquait le désert pour les Egyptiens et était souvent associé à la malchance.
324 Oui, Saint-Paul mesure 110 m de haut tandis que la 'Grande Pyramide', construite vers 2.500 av. J.-C., mesure 138 m. Elle mesurait autrefois 147 m, mais elle s'est un peu affaissée.
325 Une ancienne forme d'écriture égyptienne; les dessins et les symboles représentent des objets, des idées et des sons.

La Grèce antique

326 En l'honneur de Zeus, le roi des dieux.
327 Le Pirée; appelé 'Piraius' en grec moderne.
328 Les fantassins grecs s'appelaient des hoplites, du grec '*hoplon*' signifiant bouclier.
329 Pégase, maîtrisé par le héros Bellérophon.

330 Asclépiade était un médecin grec du 1er siècle avant J.C.
331 Elles allaient y faire leurs courses; l'agora était un marché et un lieu de rencontre.
332 Ils les dédiaient au dieu Apollon et à la déesse Artémis, pour symboliser la fin de leur enfance.
333 D'Hélène de Troie; selon la légende, elle quitta la Grèce pour suivre un prince troyen (Pâris) et une armée grecque nombreuse s'embarqua pour aller la rechercher, mai ça ne fut pas sans pertes.
334 Un banquet ou un cocktail officiel, où les hommes grecs parlaient de politique et de philosophie.
335 En électrum, un alliage d'or et d'argent.
336 Au sommet d'une colonne.
337 Le Minotaure; il vivait dans le labyrinthe de Cnossos, sur l'île de Crète.
338 Un navire de guerre grec à 3 (tri) rangées de rames superposées.
339 Le vin était leur boisson favorite.
340 Le Parthénon, construit en marbre blanc de 447 à 438 av. J.-C. en l'honneur de la déesse Athéna.
341 Homère (VIIIe siècle av. J.-C.); l'*Iliade* raconte l'histoire de la chute de Troie. Homère est aussi l'auteur de l'*Odyssée*, qui relate les mésaventures du roi Ulysse.
342 Poséidon, le dieu de la mer pour les deux peuples.
343 La démocratie, un système selon lequel tous les citoyens peuvent élire leurs dirigeants.

L'Empire romain

344 A l'hôpital; ces instruments servaient à examiner les blessures et à maintenir les incisions ouvertes.
345 Un trident et une dague, mais son filet était son arme principale.
346 Des combats de gladiateurs et d'animaux financés par l'empereur romain pour accroître sa popularité.
347 Pour faire leur toilette; les Romains se lavaient en s'enduisant d'huile avant de gratter leur peau à l'aide de grattoirs.
348 5.000 fantassins.
349 Oui, le sol était surélevé de manière à pouvoir être chauffé par de l'air chaud.
350 4; les courses de chars étaient très populaires et pouvaient attirer jusqu'à 250.000 spectateurs.
351 Les empereurs romains; la couronne de laurier symbolisait la victoire et le pouvoir.
352 Jules César, qui conquit presque toute l'Europe.
353 XVI; 100 s'écrit C.
354 Pour que leurs fantassins puissent les repérer et les suivre pendant les combats.

Le Moyen Age

335 Robin des Bois, le célèbre hors-la-loi.
356 Un cheval; ce pendentif en émail faisait partie d'un élégant harnachement.
357 Dans la cuisine, pour sortir les morceaux de viande des chaudrons ou de l'eau bouillante.
358 Une tunique.
359 Au XVe siècle, on fabriquait les tissus de laine sur un métier à tisser.
360 Des douves; certaines sont remplies d'eau tandis que d'autres sont vides.
361 Les tours rondes; au fur et à mesure que leur popularité grandissait, on construisait de moins en moins de tours carrées.
362 Une arme; c'était une sorte de masse dont la tête pendait à une chaîne.
363 Un hornpipe; une bande de cuir relie une sorte de chalumeau en bois à une corne de vache évidée.
364 Non; les serfs étaient des paysans qui devaient rester avec leur seigneur.
365 En France; elle commanda une armée française à 19 ans et remporta la victoire sur les envahisseurs anglais.
366 C'était le droit de faire paître les cochons dans un bois.
367 La tour principale qui domine un château fort.
368 Une grande épidémie au XIVe siècle; elle causait des tuméfactions noires souvent mortelles sur ses victimes.
369 Des 'chiens' d'arrêt; les braconniers dressaient parfois les cochons pour qu'ils ramènent les oiseaux abattus.
370 Un écuyer; lorsqu'ils étaient nommés chevaliers, les anciens écuyers recevaient une épée et des éperons.
371 La tête d'un cheval; cette armure consistait généralement en une pièce pour la tête, une pointe et une plume.
372 Son gantelet; un gant de peau couvert de lames d'acier.

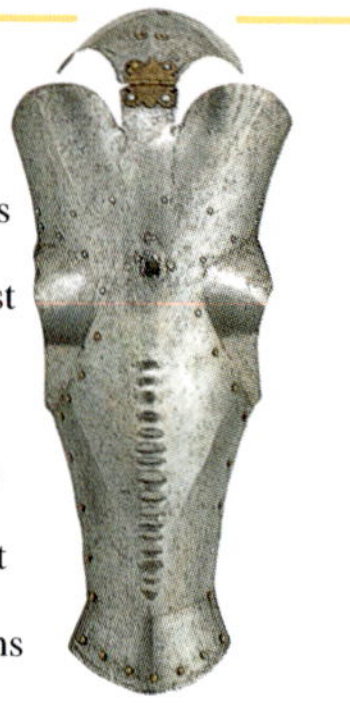

373 Le rempart.
374 A la rose; on appela ces événements la guerre des Deux Roses qui opposa la maison de Lancastre (dont le symbole est une rose rouge) à celle d'York (représentée par une rose blanche) pour conquérir la couronne.
375 Dagobert, dans la chanson 'Le Bon Roi Dagobert'.
376 Le football, qui était alors violent et peu réglementé.
377 Des batailles livrées par les chrétiens pour délivrer le tombeau du Christ des mains des Arabes.
378 Ce sont des tissus.
379 Pour permettre aux défenseurs de faire couler des matières incendiaires, comme de la chaux vive ou de l'huile bouillante, sur les assaillants du château.
380 Le Suisse Guillaume Tell; il fut puni pour avoir résisté aux envahisseurs. Il toucha la pomme.
381 La farce bouffonne.
382 Le cachot où l'on enfermait les prisonniers que l'on oubliait parfois.

La Renaissance

383 Un pourpoint; fabriqué en velours noir et orné de fils d'or.
384 A Florence, au XVe siècle.
385 Un renouveau; il désigne une renaissance des arts et des connaissances aux XVe et XVIe siècles en Europe.
386 En velours; les crevés (fentes aux manches laissant apercevoir la doublure) étaient très à la mode.
387 Nicolas Copernic, qui suggéra que les planètes du système solaire tournaient autour du Soleil.
388 La Grèce antique inspira la Renaissance.
389 A la dynastie des Habsbourg, dont la puissance atteignit son apogée sous Charles Quint (1519-56).
390 Parce qu'il exigeait une réforme de l'Eglise catholique.
391 L'Italien Léonard de Vinci, un véritable génie.
392 A Elisabeth I, qui donna son nom à cette époque.

393 La famille des Médicis.
394 *Roméo et Juliette*.
395 La presse de Gutenberg fut inventée en Allemagne.
396 La Bible de Gutenberg fut imprimée en latin.

Les explorations

397 Le capitaine anglais James Cook, qui fit trois voyages dans le Pacifique dans les années 1760 et 1770.
398 Ils mesuraient les distances sur les cartes.
399 L'astronaute américain Neil Armstrong, le premier homme sur la Lune.
400 Des marins explorateurs de Scandinavie.
401 Ils utilisaient leurs connaissances des vents, des courants et des étoiles pour estimer les distances et les directions.
402 Pour effrayer les gens qui les voyaient arriver.
403 Une ancienne route commerciale, qui traversait l'Asie et reliait la Chine à l'Europe.
404 Tombouctou se situe au sud du désert du Sahara. Tombouctou a été un important centre commercial pendant plusieurs siècles.
405 Ils mesuraient le temps et la longitude.
406 A la Chine; il servit l'empereur chinois de 1275 à 1292.
407 Des drakkars; les Vikings utilisaient aussi des navires plus larges et plus grands, des snekkars, pour le voyage et le commerce.
408 En Inde; c'est pourquoi ces îles sont appelées à tort les Indes occidentales et que les habitants de ce 'Nouveau Monde' portent le nom d'Indiens.
409 Pour identifier des points de repère de loin.
410 '*De l'origine des espèces*'.
411 Un sextant; le sextant, inventé en 1757, servait à mesurer la latitude.
412 Français; c'était Louis Blériot.
413 Fernand de Magellan, mais il ne termina jamais le voyage. Il fut tué en arrivant aux Philippines en 1521; son second poursuivit néanmoins l'expédition avec

succès.
414 Mungo Park était un Ecossais qui explora fleuve Niger en 1795-96 et 1805-06.
415 Christophe Colomb était un Italien (Génois), mais son voyage au Nouveau Monde fut financé par le roi Ferdinand et la reine Isabelle d'Espagne.
416 L'Américain Charles Lindbergh; il vola de New York à Paris en 1927.
417 Oui, il le découvrit avec 4 autres personnes le 17 janvier 1912. Tous moururent sur le chemin du retour.
418 Sir Walter Raleigh ramena du tabac et des pommes de terre en Europe. Sir Francis Drake fut le premier Britannique à naviguer autour du monde.
419 Sinbad le Marin.

Les Aztèques & les Incas

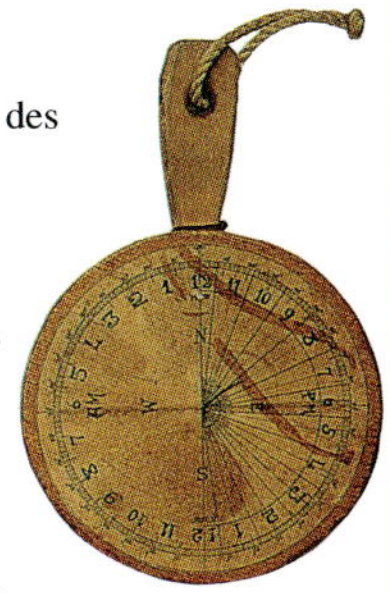

420 Ils noyaient les victimes dans des puits. Ils utilisaient aussi d'autres techniques.
421 L'argent; les yeux sont en obsidienne et en coquillage et la mosaïque en turquoise et en corail.
422 Les Aztèques; ils croyaient que la fin du monde avait eu lieu 4 fois et que le soleil disparaîtrait une cinquième fois s'ils ne lui offraient pas de sang humain.
423 Tlaloc était le dieu de la pluie.
424 Les guerriers d'élite aztèques s'appelaient les Chevaliers Jaguars et les Chevaliers Aigles.
425 Le lama (et d'autres animaux de la même famille).
426 La roue; les Incas (et les Aztèques) l'auraient utilisée pour fabriquer des jouets mais pas pour le transport.
427 Le but de ces guerres était de capturer des prisonniers pour les sacrifier.
428 Tous les hommes péruviens en portaient.
429 De 'Mexica', le nom que les Aztèques s'étaient donné.
430 Au Pérou; les Nazcas fabriquaient de splendides tissus.
431 Du jaguar, souvent considéré autrefois comme un symbole de puissance en Amérique centrale et du Sud.
432 Ils les cultivaient; les chinampas étaient des parcelles fertiles aménagées dans les zones marécageuses du lac Texcoco.

433 Du cheval; les conquistadors y introduisirent des chevaux, des fusils et des armes en acier, ignorés des Aztèques. Ils introduisirent aussi la vache en Amérique.
434 Toutes ces espèces proviennent d'Amérique.
435 Parce qu'elle était entourée d'eau. Tenochtitlán était bâtie sur une île marécageuse du lac et Venise est construite sur des îles dans une lagune.
436 Tenochtitlán, qui comptait environ 200.000 habitants alors que la population de Londres n'était que de 40.000 personnes à l'époque.

Le Far West

437 Le 'stetson' (chapeau d'homme à larges bords), créé par John B. Stetson, qui fonda son usine de chapeaux en 1865.
438 John Wayne, le célèbre acteur américain.
439 On les appelle aussi des buffles.
440 Le Peacemaker (pacificateur); c'était un Colt 45.
441 C'était du cuir brut; il se rétrécissait en séchant et épousait la forme de la structure. On le recouvrait ensuite de cuir travaillé.
442 Les Européens appelaient le Dakota la nation des Sioux.
443 Custer; le général George Custer et 215 hommes furent pris dans une embuscade des Indiens d'Amérique du Nord. Custer et tous ses hommes furent tués.
444 D'un aigle; les danseurs portaient ce genre de masque lors de cérémonies spirituelles dans le Nord-ouest.
445 25 ans, de la fin de la guerre civile américaine en 1865 à la fin du boom du bétail fin des années 1880.
446 Dans les rodéos, très populaires aujourd'hui.
447 Le lacrosse, inventé par les Indiens d'Amérique du Nord et très populaire dans le Sud-ouest.

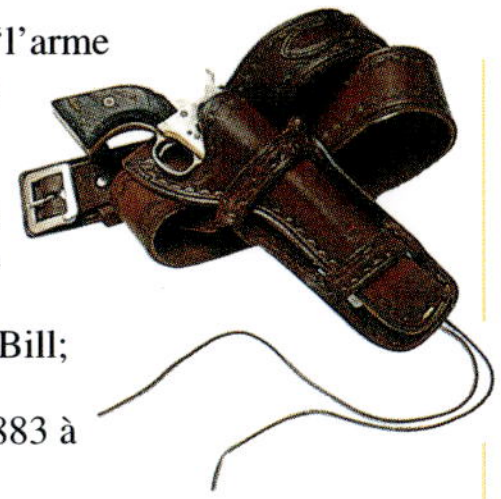

448 La Winchester, appelée 'l'arme qui conquit l'Occident' vu sa popularité.
449 Du fil barbelé, utilisé pour protéger les récoltes, les prés et l'eau et pour retenir le bétail.
450 Sous le nom de Buffalo Bill; il présenta son spectacle aux Etats-Unis et en Europe de 1883 à 1916.
451 Un chapeau 10 gallons.
452 Un saloon.
453 A un couteau.
454 De la nourriture; c'était le wagon du cuisinier.
455 Au corral d'OK, à Tombstone, Arizona.

Les armes & la guerre

456 Faire sa première campagne ou, au sens figuré, débuter dans une carrière.
457 En France; les troupes alliées débarquèrent en Normandie pour libérer l'Europe de l'emprise allemande.
458 C'est un sabre à lame recourbée.
459 L'arbalète permet de tirer plus loin mais nécessite plus de temps pour être rechargée. Elle peut être mortelle à 180 m.
460 Une épée, autrefois utilisée par la cavalerie européenne.
461 Le plomb, d'où leur autre nom (des plombs).
462 5; ces canons pouvaient tirer des boulets de 2,7 kg sur une distance de 1.000 m, à raison de 2 à 3 fois par minute.
463 5 coups; ce modèle fut conçu en 1862.
464 Un mousquet est une arme à feu.
465 Ce sont des fossés couverts dans lesquels les soldats peuvent se cacher.
466 Un sous-marin allemand; c'était l'abréviation de 'Unterseeboot'.
467 Le grand général Hannibal (247-182 av. J.-C.), originaire de Carthage, en Afrique du Nord.
468 La bataille du Jutland, en 1916.
469 Napoléon Bonaparte, qui conquit une grande partie de l'Europe.
470 En silex, la matière dans laquelle étaient fabriquées les armes les plus anciennes.
471 Le tank, utilisé pour la première fois au combat par les Britanniques en France en 1916. On lui donna le nom de tank pendant sa construction pour ne pas dévoiler sa nature.
472 Le grade de colonel est le plus élevé des 3; celui de caporal est le plus bas.
473 L'épée, investie d'une signification mystique.
474 Un AK47 est un fusil russe.
475 C'est une lance zoulou servant à être enfoncée, originaire d'Afrique du Sud.
476 Des grenadiers, dans les années 1700; au XIXe siècle, les grenadiers formaient seulement des troupes d'infanterie.
477 Une chausse-trappe; on l'éparpillait avant une bataille pour estropier les chevaux et les soldats ennemis qui les piétinaient.
478 Entre 20 et 25 kg.
479 A être lancée; avec ses nombreuses lames, elle pouvait causer des dégâts, quelle que soit la partie du corps qu'elle atteignait.
480 Horatio Nelson, le plus grand amiral britannique, tué à la bataille de Trafalgar en 1805.
481 'Blitzkrieg', de 'blitz' signifiant foudre et 'krieg', guerre.
482 6 jours; c'était la Guerre des 'six jours' de 1967 entre Israël et plusieurs pays arabes.
483 L'Ethiopie; l'armée éthiopienne mit des envahisseurs italiens en déroute à la bataille d'Adowa en 1896.

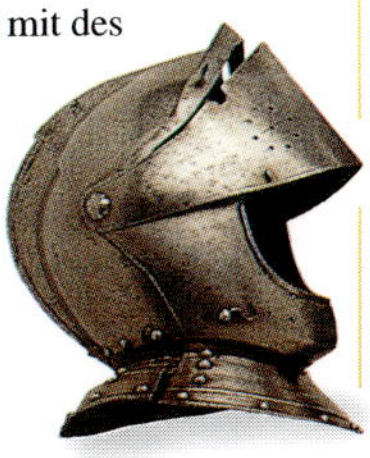

484 Les griffes du tigre.
485 Il revient vers le lanceur; c'est une arme aborigène.
486 Gengis Khan; il fonda au XIIIe siècle l'empire mongol, qui comprenait des terres allant de la Chine à l'Europe centrale.
487 Les Indiens d'Amérique du Nord.
488 Un coup-de-poing américain, que l'on mettait aux doigts pour causer un maximum de dégâts autour de soi en tapant sur ses ennemis.
489 La division est la plus grande unité, viennent ensuite la brigade, le régiment et enfin le bataillon.
490 On l'appelle le no man's land.
491 30 ans; c'est la guerre de Trente Ans, qui fit rage dans une grande partie de l'Europe de 1618 à 1648. Les guerres plus longues comme la guerre de Cent Ans furent interrompues.
492 Un gantelet.
493 Giuseppe Garibaldi, qui conquit la Sicile et Naples pour fonder l'Italie unifiée en 1860.
494 Les rapières, inventées au XVIe siècle.
495 Pour la joute; un sport où les chevaliers faisaient des combats simulés.
496 Au poignet. Le bord extérieur très aiguisé de ce spécimen a été recouvert.

Les vêtements

497 Des textiles; les fuseaux servaient à filer et à tisser.
498 Louis XIV introduisit la perruque à la cour de France, d'après certains pour cacher sa propre calvitie.
499 Les jeans, créés aux Etats-Unis dans les années 1850.

500 Elle servait à maintenir une ceinture.
501 De Chine, où on les utilisait depuis plus de 500 ans.
502 Au XVIIIe siècle; elles sont en mousseline brodée. Il y en avait aussi en dentelle.
503 Par des hommes; à la fin du XVIIIe siècle, les hommes pendaient parfois de petits sacs à leur ceinture.
504 Dans les années 1960 en Angleterre.
505 A se rafraîchir; les éventails servaient aussi parfois d'accessoires d'ornement.
506 La toge, un vêtement ample et flottant.
507 Des coiffures portées par les femmes de l'aristocratie.
508 Ils portaient des mouches (petites rondelles de taffetas sombre) de formes différentes sur le visage.
509 Au début du XXe siècle.
510 Les femmes de l'empire romain se coiffaient de façon élaborée en portant des perruques, des postiches et des diadèmes.
511 D'Espagne; les tailleurs confectionnaient de faux ventres à l'aide de crin de cheval, de morceaux de tissu ou de laine.
512 Un rembourrage porté sous la robe au bas du dos.
513 Des chaussures montantes à semelle très épaisse surtout utilisées au théâtre.
514 Au XVIIIe siècle.
515 La soie, qui arriva en Europe lorsque deux moines subtilisèrent deux larves de ver à soie en Chine sur l'ordre de l'impératrice byzantine Théodora.
516 Les Perses furent les premiers à confectionner et à porter des vêtements de style dit européen.
517 Une crinoline; elle fut introduite en Europe en 1856 et remplaça les couches de jupons.
518 La France influença la mode jusqu'à la Révolution française en 1789.
519 Un genre de plastique souvent utilisé sous forme de fibres.
520 Une coiffure très haute, populaire au XVIIIe siècle.
521 L'étiquette exigeait que les femmes se couvrent les mains.
522 Parce qu'elles avaient la forme d'un hareng (kipper = hareng ouvert, salé et fumé).
523 C'était la première fois que l'on portait des jupes au-dessus du genou.
524 Oui, les hommes et les femmes en portaient.
525 A la cheville; c'est un bracelet africain.
526 Dans le nez; c'est un bijou colombien.
527 Au poignet; c'est un bracelet picte (de l'ancienne Ecosse).
528 Vraisemblablement sur la poitrine; c'est une broche irlandaise qui servait à maintenir une cape.
529 Aux oreilles; ce sont des boucles d'oreille thaïlandaises dorées, en peau de bête.
530 Au cou; c'est un collier zoulou.
531 Autour de la tête; c'est un bandeau.
532 Autour de la taille; c'est une boucle en or ornée de pierres précieuses et portée sur une ceinture.

Inventions: jusqu'en 1850

533 Dans une montgolfière, inventée par les frères Montgolfier en 1783.
534 Un balancier; il rendit les pendules beaucoup plus précises.
535 Les arcades, en Egypte, en Irak et au Pakistan, de 4000 à 3000 av. J.-C. La plus ancienne trace de tunnel date de 2180 av. J.-C. et fut découverte en Irak.
536 Le système métrique; il fut standardisé en France de 1791 à 1795 tandis que le système impérial anglais ne fut standardisé qu'en 1824.
537 Du bouchon; les bouchons de bouteille (1670) permirent de conserver et transporter le champagne.
538 Du gaz; il ne devint populaire qu'un siècle plus tard.
539 En Europe, en Angleterre, en 1837; mais le premier télégraphe performant fut inventé par l'Américain Samuel Morse, auteur en 1844 de l'alphabet de transmission qui porte son nom.
540 La baignoire; les baignoires remontent à 2500 av. J.-C. au Pakistan et peut-être à 3100 av. J.-C. à Gaza. Des vestiges égyptiens datant de 1350 av. J.-C. appartiendraient à la première douche.
541 Le premier livre fut imprimé en Chine en 868. Les caractères mobiles furent inventés vers 1040 en Chine également et utilisés pour publier un livre vers 1300.
542 Vers 1300 en Italie. Les lunettes bifocales comme celles représentées ici furent inventées en 1784.
543 Le violon; il remonte au début du XVIe siècle. Le premier piano vit le jour en Italie vers 1700.
544 En Angleterre en 1509.
545 Aux machines à vapeur; en 1765 il commença à améliorer le modèle de Newcomen de 1712; en 1784, il inventa une machine à vapeur qui pouvait faire tourner des roues.
546 Il améliora les cartes en inventant une meilleure méthode pour copier la surface ronde de la Terre sur une feuille.
547 La brouette, inventée en Chine au IIIe siècle. La tondeuse à gazon fut inventée en 1830.
548 Il inventa le saxophone.
549 De 1827 environ; elle fut prise par Nicéphore Niepce.
550 Le travail du métal; il remonte aux alentours de 7000 av. J.-C., en Turquie vraisemblablement. La roue fut inventée en Irak vers 3200 av. J.-C.
551 Il inventa la première pile électrique.
552 Le macadam, initialement appelé le tarmacadam.
553 Le réveil; l'un des premiers réveils fut utilisé dans un monastère à Nuremberg, en Allemagne.
554 La Rocket; elle fut inaugurée en 1830 au début du boom du chemin de fer. Le premier train fut inauguré en 1803.
555 En Chine, sous la dynastie Tang (618-906), mais il ne fut pas populaire avant le XIIIe siècle.
556 Le béton fut inventé par des ingénieurs romains vers 200 av. J.-C. tandis que la poudre à canon vit le jour en Chine vers 950.
557 D'Irak; la première fut inventée vers 3500 av. J.-C.
558 Le moteur électrique; le premier fut construit vers 1831 tandis que le premier moteur à combustion interne date de 1859.
559 Le vélo.
560 Les timbres, inventés en 1840. Les premières cartes de Noël imprimées datent de 1843.
561 Du parachute.
562 D'Asie; le rouet était utilisé en Chine pour bobiner la soie vers l'an 1000 et pour filer la matière textile en Inde peu après.
563 Les Etrusques d'Italie; ils utilisaient de fausses dents fabriquées à partir de dents d'animaux vers 700 av. J.-C.
564 De Chine; il fut inventé en 105 après J.C.

La Terre

565 L'océan Pacifique; il occupe un tiers de la surface de la Terre.
566 L'Asie est le plus grand.
567 De glace; les glaciers sont pareils à des rivières de glace qui se déplacent lentement.
568 On l'appelle le manteau.
569 Le sismographe enregistre les mouvements d'un point de l'écorce terrestre.
570 En Australie; il s'appelle l'Uluru ou l'Ayers Rock.
571 Le diamant est le minéral le plus dur.
572 L'intensité d'un tremblement de terre.
573 Un raz-de-marée est une vague gigantesque provoquée par des tremblements sous-marins. Certains se déplacent à du 790 km/h.
574 La terre a 4.600 millions d'années.
575 L'éclogite est une roche métamorphique; elle est formée par l'altération d'une roche existante. Le granite est une roche ignée, formée par la cristallisation de matières fondues.
576 Des escarpements.
577 Les geysers font jaillir de l'eau chaude.
578 L'Himalaya; elle comprend la montagne la plus haute du monde, l'Everest (8.863 m).
579 Le platine est le plus précieux.
580 Le Nil est considéré comme le plus long (6.670 km). L'Amazone peut toutefois être considéré comme encore plus long car il mesure 6.750 km de sa source à son embouchure la plus éloignée.
581 Parce que c'est le seul métal liquide à température ambiante et parce qu'il est argenté.
582 Elle est de 4.500 °C.
583 Sur les rives de la mer Morte, entre Israël et la Jordanie. Le point le plus bas est à 400 m sous le niveau de la mer Méditerranée.
584 La plus grande partie de terre se trouve dans l'hémisphère Nord.
585 L'île volcanique de Krakatoa est entrée en éruption. C'était la plus longue et la plus violente éruption de l'histoire moderne.
586 Des colonnes de calcite qui se forment sous la terre dans les grottes. Les stalagmites s'élèvent à partir du sol tandis que les stalactites descendent de la voûte de la grotte.
587 Un pétrographe étudie les roches.
588 Un hydrologiste étudie l'eau.

L'astronomie

589 Vénus.
590 Mercure et Vénus.
591 La Voie lactée.
592 Le Soleil.
593 Au clair de la Lune.
594 C'est Jupiter.
595 Le temps est la quatrième dimension; la science moderne considère le temps et l'espace comme une même unité appelée 'l'Espace-Temps'.
596 Les taches sombres de la Lune sont des zones planes. Les taches plus claires sont des montagnes.
597 Albert Einstein.
598 Olympus Mons, qui est 3 fois plus grand que l'Everest.
599 Galilée; il découvrit les satellites de Jupiter et des cratères de la Lune avec son télescope.
600 Une année sur Mars compte 687 jours terrestres.
601 Il gravita autour de la Terre.
602 Une comète, la comète de Halley.
603 Dans l'espace; il gravite autour de la Terre.
604 Dans '*La guerre des étoiles*'.
605 D'origine russe; c'était Valentina Terechkova en 1963.
606 Pluton, qui ne fut découvert qu'en 1930. C'est la planète la plus éloignée du Soleil.
607 Mars; de la Terre, elle ressemble à un disque rouge.
608 Russe; baptisée *Salyut* 1, elle fut lancée en 1971.
609 Ils l'appellent le 'Big-bang'.
610 Il découvrit le principe de la gravité (attraction des corps).

Le corps humain

611 100.000 fois par jour.
612 Les enfants; ils ont quelque 300 os de plus que les adultes. Chez les adultes, les os se sont soudés entre eux.
613 L'émail des dents est la substance la plus dure.
614 3 litres d'air.
615 La Chine; en 1989, on y dénombrait 61.929 hôpitaux.
616 La kératine.
617 Le bébé se développe dans l'utérus.
618 La peau.
619 Sigmund Freud; il traitait ses patients en les écoutant parler de leurs rêves et de leurs pensées.
620 La cage thoracique.
621 En avant et en arrière.
622 L'intestin grêle, qui mesure 6,50 m. Le gros intestin atteint 1,80 m de long (il est plus épais).

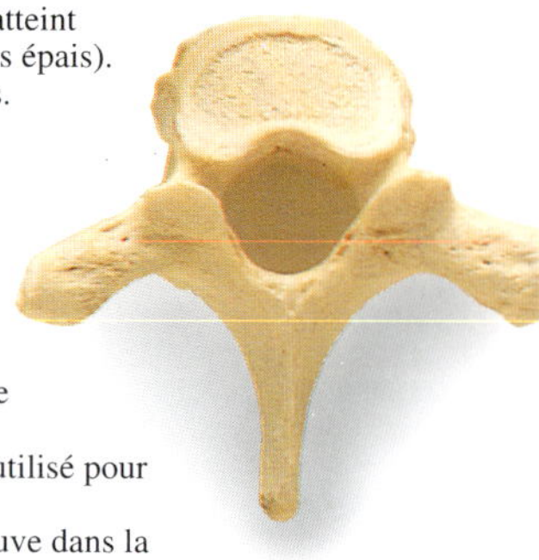

623 Plus de 600 muscles.
624 Vrai.
625 En 1895.
626 Dans la colonne vertébrale.
627 La tête pèse environ 4 kg.
628. Au XIXe siècle.
629 Ils sont constitués de protéines.
630 Un gastroscope est utilisé pour examiner l'estomac.
631 Le fémur, qui se trouve dans la cuisse.
632 Louis Pasteur, il fut l'un des pionniers de la chirurgie antiseptique.
633 Il y en a 206. La moitié se trouve dans les mains et les pieds.
634 Marie Curie.
635 Une anesthésie locale insensibilise une partie du corps tandis qu'une anesthésie générale endort entièrement le patient.
636 Alexander Fleming en 1928.
637 Faire circuler le sang à partir du cœur dans tout le corps.
638 Les médecins pensaient qu'un excès de sang dans le corps provoquait des maladies.
639 En 1876; elle luttait pour que les femmes puissent accéder aux professions offrant une carrière.
640 Il était interdit par l'Eglise de disséquer des corps humains pour des études scientifiques.
641 Pour amputer les membres trop endommagés.
642 Les principaux groupes sanguins sont le A, le B, l'AB et le O.
643 Plus de 200 muscles.
644 Cette forme de médecine s'appelle l'acupuncture.
645. Louise Brown est née en 1978, en Angleterre.
646. Dans l'oreille; il s'agit de l'étrier.
647. En 1967.
648. Au XIXe siècle.
649. La bile figure déjà dans la question.
650 Une sage-femme accouche les bébés.
651 Un stéthoscope.
652. En 1853; mise au point par Charles Plavaz, en France.
653. Il y a 27 os dans la main.
654 Elle fut créée en 1948 pour servir de centre d'information sur les problèmes de santé dans le monde.
655 Elles s'appuient sur le sternum.
656 Les 5 sens sont la vue, l'odorat, le goût, l'ouïe et le toucher.
657 Quand nous avons froid, de petits muscles soulèvent les poils du corps afin de contrer l'évacuation de notre chaleur.
658 Dans les années 1840; on endormait les patients à l'aide d'oxyde azoteux, d'éther ou de chloroforme.

La biologie & la chimie

659 Il devient rose ou rouge.
660 L'ADN contient ces informations.
661 L'eau, composée d'hydrogène (H) et d'oxygène (O).
662 La lumière; il contient un prisme qui disperse un rayon lumineux sous forme de spectre, c'est-à-dire sous forme de ses différentes couleurs ou longueurs d'ondes.
663 Elle sépare les substances par ébullition et condensation.
664 On utilisait les vessies de porc au XVIIIe siècle pour conserver les gaz avant l'apparition des récipients en verre.

655 Sous le nom d'ADN. La substance chimique produisant les chromosomes.
666 Parce qu'on l'appelle aussi le gaz hilarant, qui provoque un rire nerveux.
667 C'est un générateur de gaz, inventé en 1862 pour produire l'acide sulfhydrique.
668 Elle donne la coloration à la peau.
669 Un virus; la maquette le représente en train d'injecter son ADN dans une cellule.
670 Le sel; le chlorure de sodium est son nom scientifique.
671 Un élément chimique est une substance considérée comme indécomposable.
672 Une classification périodique de tous les éléments chimiques; il y en a plus de 100.
673 Du verre, vraisemblablement inventé en Egypte en 3000 av. J.-C.
674 Il sert à mesurer la pureté de l'air.
675 L'hydrogène est l'élément le plus léger.
676 Une unité responsable de la production des caractères héréditaires.
677 Elles ont besoin d'eau, d'air et de lumière pour se développer correctement.
678 C'est acide; on la soulage en appliquant de l'eau froide contenant du bicarbonate de soude, une substance alcaline. Une piqûre de guêpe est alcaline; on la traite avec une cuillère à café de vinaigre (un acide) et un demi-verre d'eau.
679 On les appelait des alchimistes.
680 La branche de la chimie industrielle qui étudie les dérivés du pétrole.

Le temps & le climat

681 Un nuage; le cumulus est un gros nuage arrondi avec des parties vivement éclairées.
682 L'Antarctique; le plateau central est un désert froid. C'est le continent le plus exposé aux vents.
683 D'origine aztèque; c'est le dieu Soleil, Tonatuich.
684 Une basse pression atmosphérique ou une pression qui diminue annonce souvent la pluie.
685 La pression atmosphérique pour pouvoir prévoir le temps.
686 Il réchauffe la Terre; de la chaleur emprisonnée par des gaz dans l'atmosphère inférieure réchauffe la Terre. La pollution augmente le nombre de 'gaz à effet de serre' dans l'atmosphère et surchauffe la Terre.
687 La vitesse du vent; la plupart des stations météorologiques en utilisent.
688 Il contient plus d'azote (78 %) que d'oxygène (21 %).
689 A l'arc-en-ciel, formé par la réfraction et la réflexion des rayons du Soleil qui transpercent les nuages après la pluie dans les gouttes qui continuent à tomber de l'autre côté du ciel.
690 L'Antarctique; la température la plus faible enregistrée était de -89,2 °C.
691 Un baromètre anéroïde; la boîte métallique sous vide se dilate ou se rétracte en fonction des variations de la pression.
692 Le brouillard se forme quand un vent chaud et humide de Californie souffle au-dessus des courants frais de l'océan Pacifique.
693 Un arc lumineux rouge, vert ou jaune qui apparaît la nuit dans le ciel des régions polaires septentrionales.
694 Il est le plus faible; l'œil (c.-à-d. le centre) d'un ouragan est calme.
695 L'heure; l'ombre que l'aiguille forme sur le cadran indique l'heure.
696 La troposhère, où se passe tout ce qui a un rapport avec le temps.

697 A Hawaï, c'est le mont Wai-'ale'-ale.
698 Dans la couche d'ozone, qui protège la Terre contre les rayons ultraviolets du Soleil.
699 Du côté d'où viennent les nuages (celui qui est au vent); le côté opposé (sous le vent) est plus sec.
700 Non, on voit l'éclair avant.
701 Elles engendrent du vent, vu que l'air se déplace des zones à haute pression vers les zones à basse pression.
702 Par la rotation de la Terre; l'effet de Coriolis décrit comment cette rotation fait dévier les vents de la Terre.
703 L'air chaud monte.
704 Oui.
705 En Afrique, à Dallol, en Ethiopie; la température moyenne y est de 34°C.

Les inventions de 1850 à 1950

706 Ils furent les premiers à voler en avion.
707 Le fax; un modèle de fax plus ancien, appelé le pantélégraphe, fut installé en France en 1856. Le téléphone ne fut pas inventé avant 1876.
708 23 minutes.
709 En 1920.
710 Les pneumatiques. Inventés en 1845, ils furent 'réinventés' en 1888. Les Michelin furent les premiers à fabriquer des modèles pour les automobiles en 1895.
711 Le taximètre; il n'était pas inconnu car les Romains adaptaient déjà un système similaire sur leurs chars il y a longtemps.
712 La Ford T; des chaînes de montage avaient déjà été utilisées pour assembler des horloges et des montres.
713 En Allemagne; Karl Benz fabriqua un tricycle motorisé en 1885 et une voiture à quatre roues en 1893.
714 En Allemagne, à Berlin.
715 De 1930, aux Etats-Unis.
716 Le gramophone, un ancien tourne-disque.
717 De 1885; elle fut inventée par Gottlieb Daimler en Allemagne.
718 L'hélicoptère; le premier hélicoptère fut inventé en 1936 tandis que le premier avion à réaction date de 1939.
719 Il l'inventa en 1938.
720 Le dirigeable, inventé en 1852. Le premier planeur vola en 1853, mais les vols contrôlés en planeur ne remontent qu'à 1891. Le premier avion vola en 1903.
721 Londres, en Angleterre.
722 30 tonnes.
723 En 1920, aux Etats-unis.
724 Deux, une lampe rouge et une verte. Le feu orange fit son entrée 4 ans plus tard.
725 Il était américain.
726 La caisse enregistreuse.
727 De 1926; elle fut inventée par John Logie Baird.
728 Faux, l'ampoule électrique fut inventée en 1879 tandis que le fer à repasser électrique date de 1882.
729 En 1872; le chewing-gum était mâché par les Indiens d'Amérique.
730 De 1946, mais le four à micro-ondes ne fut introduit dans les maisons qu'en 1955.
731 Guglielmo Marconi; en 1894, il émettait des ondes radiophoniques dans la pièce et en 1901, il envoyait des messages de l'autre côté de l'Atlantique.
732 Il fut inventé en 1857.
733 Il ne jouait qu'un seul air.
734 Le Coca-Cola, lancé comme un 'excellent tonique pour le cerveau et une boisson intellectuelle'.
735 Tu aurais écouté une émission radio.
736 Sur un terrain de squash aux Etats-Unis en 1942.
737 Il servait à enregistrer et à reproduire des sons.
738 De 1950; elle fut créée pour être utilisée dans les restaurants.
739 Le stylo à bille.
740 En 1914; on l'appelle aussi 'fermeture Eclair' (nom déposé).
741 Le réfrigérateur électrique.

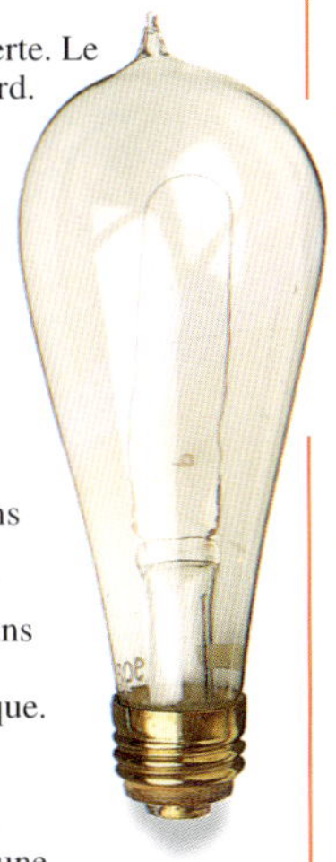

Le monde moderne

742 Rien, même la lumière ne peut pas sortir d'un trou noir.
743 S'autochauffer; les aliments en conserve autochauffants furent inventés en 1991.
744 Un ordinateur personnel (personal computer).
745 La transmission par câble; les programmes TV sont transmis à l'aide de câbles en fibres optiques.
746 Il y en avait environ 537 millions.
747 La cassette vidéo, qui date de 1956. Les puces électroniques - des circuits électroniques intégrés imprimés sur une seule puce en silicone -, inventées en 1959, ont rendu les ordinateurs beaucoup plus rapides.
748 La première brosse à dents électrique.
749 A très faible température, quand certaines substances perdent pratiquement toute résistance à l'électricité.
750 La lumière; des rayons laser transportent l'image, le son, etc. sous la forme de données.
751 Un rayon laser, dirigé vers la cible de la bombe.
752 Un lecteur de cassettes avec écouteurs, suffisamment petit pour être portable.
753 Les pace makers (stimulateurs cardiaques) aident le cœur à battre régulièrement.
754 En 1982, aux Etats-Unis.
755 Une disquette; un disque magnétique qui garde des informations en mémoire.
756 L'hologramme en 3 dimensions, créé en 1965. L'ordinateur personnel fut inventé en 1975, mais le premier PC couronné de succès date de 1978.
757 Une souris; le fait de la bouger déplace un pointeur sur l'écran.
758 Le 'scanning tunnelling microscope', inventé en 1981, peut agrandir des objets 100 millions de fois.
759 Ils peuvent décoller et atterrir à la verticale.
760 D'un ordinateur.
761 En 1972, aux Etats-Unis.
762 Une télécopie, c.-à-d. un document transmis via une ligne téléphonique.
763 Une carte de crédit pourvue d'une puce électronique.
764 Les Etats-Unis; les Japonais produisent deux fois moins d'ordures ménagères.
765 Le robot de cuisine, capable de mélanger, de hacher et de trancher les aliments.

766 Cliquer dessus; la souris commande un pointeur servant à activer des fonctions de l'ordinateur sans utiliser le clavier mais en cliquant sur des icônes.
767 La fission consiste à rompre les atomes et produit un grand dégagement d'énergie, tandis que la fusion consiste à les combiner et produit un dégagement d'énergie encore plus grand.
768 Le magnétophone.
769 400 millions d'instructions par seconde.
770 Les missiles Cruise, une invention américaine.
771 Le robot industriel, inventé en 1962. La première montre digitale date de 1971.
772 Les horloges atomiques.
773 Par l'ADN.
774 L'hovercraft, inventé en Grande-Bretagne.
775 En 1981; c'était la première navette spatiale réutilisable.
776 Le Concorde; un projet franco-anglais.
777 Un affichage à cristaux liquides ou LCD (liquid-crystal display).
778 *Spoutnik* est le nom du premier satellite spatial lancé par l'Union soviétique en 1957.
779 De l'électricité; le vent est utilisé pour entraîner des turbines.
780 Le L.A.S.E.R ou laser.
781 CD signifie Compact Disc, disque compact.
782 Le Rubik's cube, un casse-tête.
783 Il réduit la pollution due aux gaz d'échappement.
784 Un appareil permettant de relier des ordinateurs via une ligne téléphonique.
785 Pour les ordinateurs; les CD-ROM permettent de stocker des informations.
786 Un hydromètre, pour mesurer la densité des liquides.
787 Une balance à ressort pour peser.
788 Une éprouvette.
789 Un bec Bunsen.
790 Une pipette.
791 Un micromètre, pour mesurer les petits objets.

Le football

792 Un match de football dure 90 minutes.
793 Elle se déroula au Mexique.
794 Plus de 17 heures; ce défi fut relevé par le Sud-Coréen Huh Nam Jin.

795 Sur le tibia, pour se protéger contre les contusions et les coupures.
796 Dans la rue; il n'y avait pas de limitation de temps et peu de règles.
797 Le Brésil; il a gagné la coupe du monde 4 fois.
798 Elle pèse 250 g.
799 Une équipe de football se compose de 11 joueurs et de 3 remplaçants.
800 Le gardien de but.
801 Le juge de touche; les juges de touche utilisent des drapeaux pour indiquer quand le ballon sort des limites ou quand un joueur est hors-jeu.
802 Une rentrée à la main par un joueur de l'équipe opposée à celle dont fait partie le joueur ayant touché le ballon en dernier lieu.
803 Pour signaler les fautes.
804 La poitrine, la tête et les tibias.
805 Lors du coup d'envoi et des penalties.
806 Le capitaine, pour que l'on puisse l'identifier.
807 140 pays jouent au niveau international.
808 Une sanction prise contre une équipe pour une faute commise dans sa surface de réparation.
809 L'Italie remporta la Coupe du monde en 1982.
810 Il est en cuir.
811 Pelé, qui dit: 'Que le ballon soit votre ami'.
812 Un coup de dégagement au sol, effectué par le gardien ou un arrière, lorsque le ballon a franchi la ligne arrière des buts.
813 L'Irlande joue au football gaélique.
814 Un carton rouge; le carton jaune correspond à une faute moins grave, mais deux cartons jaunes équivalent à un rouge.
815 Fédération Internationale de Football Association, l'organisme de réglementation du football.
816 L'Angleterre a battu l'Australie par 17-0 en 1951. Il s'agissait d'un match 'amical'.
817 Geoff Hurst; l'Angleterre gagna contre l'Allemagne fédérale par 4-2.
818 Luciano Pavarotti chanta '*Nessun dorma*', qui devint l'air principal de la Coupe du monde de 1990.
819 Dans la zone de penalty.
820 Pour pouvoir mieux attraper le ballon.
821 L'équipe du Cameroun.

Les sports en salle

822 La boxe; les règles de Queensberry furent dictées par le marquis anglais de Queensberry en 1865.
823 Au poker; il s'agit d'un as, un roi, une reine, un valet et un 10 dans la même couleur.
824 Gary Kasparov, qui fut champion du monde en 1985 à l'âge de 22 ans.
825 Le sumo, généralement pratiqué par des hommes très grands et très gros.
826 Les pigeons de course, qui peuvent parcourir d'énormes distances avant de retourner chez eux.
827 Au hockey sur glace; les joueurs frappent un palet de caoutchouc noir vulcanisé, le gardien de but défend le but et les joueurs doivent passer un peu de temps sur le banc des pénalisés quand ils enfreignent les règles.
828 Le bowling; les joueurs ajoutèrent une dixième quille aux neuf qu'ils utilisaient auparavant et les placèrent en triangle au lieu de les disposer en diamant.

829 La gymnastique; qui comprend également des exercices au sol.
830 En matière organique; on attachait des morceaux d'os ou de bois aux chaussures. On utilisa des lames en métal pour la première fois au XVIIe siècle.
831 Au jeu d'échecs; quand on perd son roi, on a perdu. Le roi doit donc être protégé.
832 Il mesurait 2,45 m. Il s'agissait de Suleiman Ali Nashaush de Libye.
833 'L'épaulé-jeté' est plus facile: la barre des haltères est d'abord hissée sur la poitrine, puis l'athlète reprend son équilibre avant de hisser les haltères au-dessus de la tête. Lors de 'l'arraché', les haltères sont hissés au-dessus de la tête en un seul mouvement.
834 Ce sont des équipes de joueurs de billes. Le jeu de billes est un jeu de boules miniature.
835 Le karaoké; il consiste à chanter sur un air pré-enregistré.
836 Rocky Marciano; Mohammed Ali en a perdu plusieurs mais a remporté trois fois le titre de champion du monde.
837 Un point marqué au billard s'appelle un carambolage.
838 Personne n'a jamais réussi à en dribbler plus de 4 à la fois.
839 Le snooker; la version à 8 boules.

Les sports de plein air

840 Le terrain de polo; il couvre quelque 5 hectares.
841 Au cricket.
842 Boris Becker, le plus jeune champion à remporter ce tournoi.

843 Au base-ball; le batteur utilise la batte pour frapper la balle lancée par le lanceur.
844 Pour la demi-volée, la balle est reprise après avoir rebondi sur le sol tandis que pour la volée, la balle est frappée avant d'avoir touché le sol.
845 Au golf. Un 'birdie' est un trou joué en un coup en dessous du par, 'l'eagle' en deux coups en dessous du par et 'l'albatros', en 3 coups en dessous du par.
846 Un tronc d'arbre.
847 Au football.
848 Le ballon de rugby; il est ovale.
849 Au rugby.
850 Un très grand diamant. Les bases que les batteurs doivent rejoindre en courant pendant le match sont disposées en forme de diamant.
851 Au tennis. L'égalité et l'avantage sont des scores au tennis.
852 C'était un homme de 98 ans et la femme la plus âgée à terminer un marathon avait 82 ans.
853 De la Grande-Bretagne, qui inventa le football, le rugby, le cricket, le tennis, le squash et d'autres jeux encore.
854 Au base-ball. Il s'agit d'un énorme gant de cuir.
855 La Formule 1 est la plus rapide.

Les Jeux olympiques

856 Il y a 5 anneaux.
857 Ils représentent les 5 continents.
858 La médaille de bronze. Ceux qui finissent deuxièmes reçoivent une médaille d'argent.
859 Au photo-finish; les photos prises sont examinées de très près.
860 Nadia Comaneci.
861 De dos; plus aucun champion n'utilise d'ailleurs une autre technique.
862 Le saut à ski; les skieurs sautent à partir de ces deux tremplins.
863 Il fut disqualifié pour prise de drogues.
864 Tous les 4 ans.
865 Le marathon est la course la plus longue, bien que certains concurrents tels que les marcheurs et les skieurs de fond (nordiques) parcourent des distances plus longues encore.
866 Le cheval d'arçons fait partie de l'équipement des gymnastes et fut créé à l'origine pour apprendre aux soldats à monter à cheval. Il s'agit d'un engin couvert de cuir muni de deux arçons (poignées) fixés sur la partie supérieure.
867 En Grèce à Olympie; seuls les hommes étaient autorisés à participer aux Jeux olympiques antiques.
868 Du nageur américain Mark Spitz, qui remporta 7 médailles d'or aux Jeux olympiques de 1972: 4 médailles individuelles et 3 médailles en équipe. Le skieur de vitesse américain Eric Heiden, qui remporta 5 médailles d'or aux Jeux olympiques d'hiver de 1980, détient le record du nombre de médailles d'or individuelles remportées lors des mêmes Olympiades.
869 Les relais; 4 coureurs parcourent 100 mètres ou 400 mètres chacun et se passent un témoin.
870 Il comporte 10 disciplines: le 100 mètres, le saut en longueur, le lancement du poids, le saut en hauteur, le 400 mètres, le 110 mètres haies, le lancement du disque, le saut à la perche, le lancement du javelot et le 1.500 mètres.
871 Le pentathlon moderne (masculin). Le pentathlon féminin comprenait le 100 mètres haies, le lancement du poids, le saut en hauteur, le saut en longueur et le 200 mètres jusqu'en 1984, lorsque le lancement du javelot et le 800 mètres furent ajoutés et que la discipline devint l'heptathlon.
872. Ce sport s'appelle la gymnastique rythmique.
873 Adolf Hitler; il refusa de remettre les quatre médailles d'or à l'athlète américain noir, Jesse Owens.
874 Les concurrents restent debout. Pour les épreuves de tir à la carabine, en règle générale, ils se couchent.
875 Le disque peut être lancé 3 fois plus loin.
876 Il y a 9 personnes dans un 'huit', 8 rameurs et le barreur, qui tient la barre et scande le rythme.
877 Le record est de 10 médailles, remportées par Raymond Clarence Ewry des Etats-Unis entre 1900 et 1908 dans le saut en hauteur, en longueur et le triple saut.
878 Oui; les boxeurs amateurs portent des casques.

879 Le troisième élément est la foulée bondissante.
880 La descente; dans les autres disciplines, les concurrents doivent suivre un parcours sinueux marqué par des drapeaux. Lors de la descente, ils skient droit devant eux.
881 Il avait pour sujet la course à pied aux Jeux olympiques de 1924.
882 D'une patineuse, l'Allemande Katarina Witt les reçut après avoir remporté la médaille d'or en 1984.
883 40 ans, atteint par 4 participants, 3 en yachting et 1 en escrime.
884 Un petit score parce que les points sont octroyés pour les fautes, comme au golf. Celui qui a le plus petit score l'emporte. Trois personnes seulement remportèrent une médaille d'or sans commettre la moindre faute.
885 L'autre discipline est le tir à la carabine.
886 La nage libre (essentiellement, le craw) est le style de nage le plus rapide, suivie du papillon, du dos crawlé et de la brasse.
887 Ils touchent un panneau sensible à l'effleurement, situé au bout de la piscine.
888 Le javelot peut être lancé un peu plus loin.
889 Le steeple-chase, qui se court sur une distance de 3.000 mètres.
890 Ils logent au village olympique.
891 La flamme (ou flambeau) olympique. Cette flamme est portée par les coureurs sur les lieux des Jeux olympiques où elle est utilisée comme torche géante lors des cérémonies d'ouverture.
892 En nage synchronisée, une nouvelle discipline olympique.
893 Les danseurs sur glace; la danse sur glace fait partie du patinage.
894 La musculation n'en fait pas partie.
895 De 1896, à Athènes.
896 Il y avait 169 nations représentées.
897 Sydney l'emporta et organisera les Jeux olympiques de l'an 2000.
898 Il s'agit d'une des épreuves d'équitation.
899 Question piège: les Jeux olympiques n'eurent pas lieu en 1944 car la seconde guerre mondiale faisait encore rage.

L'art & l'architecture

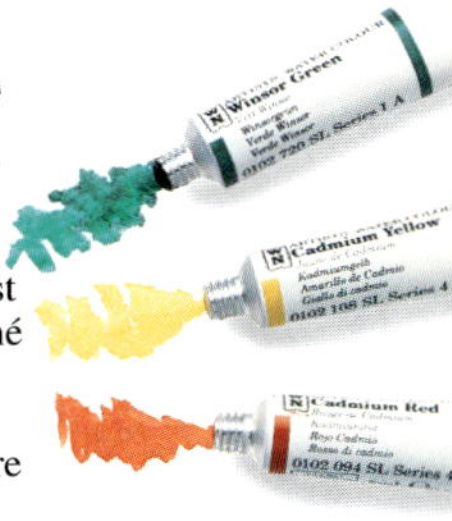

900 Ils conçoivent des édifices.
901 Un artisan exerce un métier manuel ou est un travailleur chevronné tandis que l'artiste exerce ses talents dans un art tel que la peinture ou le dessin.
902 Sur le beffroi de la cathédrale, ce sont des éléments d'architecture situés sur la flèche.
903 Au XXe siècle, entre 1929 et 1931.
904 De l'eau, 'aqua' signifie eau en latin.
905 La plupart des peintres utilisent la peinture à l'huile; un autre type de peinture est par exemple l'aquarelle.
906 A Sydney; il fut conçu par l'architecte danois Jørn Utzon.
907 Des gargouilles.
908 Un sculpteur; il sculpte le bois, la pierre et d'autres matériaux, en trois dimensions.
909 A des colonnes. Tous ces styles sont originaires de la Grèce antique.
910 Expressionniste, de l'expressionnisme, un mouvement artistique du début du XXe siècle, qui cherchait à exprimer les émotions plutôt qu'à dépeindre la réalité telle qu'elle est.
911 Du vert; les 3 couleurs primaires de la peinture sont le jaune, le bleu et le rouge. Toutes les autres couleurs peuvent être obtenues en mélangeant ces trois-là.
912 Une mosaïque; on trouve fréquemment des mosaïques dans les églises, les palais ou les grandes demeures.
913 Ils vont représenter des sujets ou des objets naturels mais figés (des fruits posés dans un plat, par exemple).
914 De l'argile; un matériau solide pour la construction.
915 Faux, c'est le contraire; les arcs gothiques sont pointus et les arcs romans, arrondis.
916 Des gratte-ciel; le premier fut construit à Chicago aux Etats-Unis en 1883.
917 De poils de martre; les martres sont de petits animaux carnivores, dont la fourrure sert à fabriquer des pinceaux.

La danse

918 Au XIXe siècle; Marie Taglioni commença dans '*La Sylphide*' en 1832.
919 Il y a 5 positions.
920 La valse, dansée pour la première fois à Vienne en Autriche.
921 '*Fame*', qui se déroule à New York City, aux Etats-Unis.
922 Moira Shearer.
923 Il inventa le collant, un vêtement d'une seule pièce couvrant les jambes et le torse.

924 Fred Astaire et Ginger Rogers; ils tournèrent 10 films ensemble.
925 '*La Fièvre du Samedi Soir*'.
926 Le Flamenco; les danseurs gardent la tête haute tandis qu'ils tapent des pieds et tournent en rond.
927 Le Break dancing; les danseurs parviennent à tournoyer la tête appuyée sur le sol.
928 Avec des fragments de satin, de papier et un matériau rigide, le tout collé ensemble.
929 Le 'vogueing'; les danseurs imitent les pauses que prennent les mannequins lors d'un défilé de mode.
930 Une jeune danseuse (ou un jeune danseur), élève de la classe de danse, employé(e) dans la figuration.
931 Le roi Louis XIV, un très bon danseur.
932 Un tutu.
933 Gene Kelly, dans la comédie musicale '*Singing in the Rain*'.
934 '*Starlight Express*' d'Andrew Lloyd Webber.
935 Un chorégraphe.
936 D'Amérique du Nord.

La musique

937 Ils font tous partie de la famille des saxophones.
938 Giuseppe Verdi; la première représentation faisait partie des festivités organisées à l'occasion de l'inauguration du Canal de Suez en 1869 en Egypte.
939 Bing Crosby; son enregistrement de '*White Christmas*' en 1942 est le disque le plus vendu au monde.
940 La contrebasse.
941 Ce sont tous des chanteurs d'opéra célèbres.
942 Ce sont des opéras composés par Wolfgang Amadeus Mozart.
943 Le chef d'orchestre: sa tâche consiste à diriger l'orchestre.
944 Des cuivres.
945 Elvis Presley; il est connu sous le pseudonyme 'The King'.
946 '*Le Messie*'.
947 La musique baroque.
948 Piotr Ilitch Tchaïkovski.
949 En 1597 par l'Italien Iacopo Peri. Il s'appelait '*Dafne*' et fut représenté à Florence.
950 John Lennon et Paul McCartney.
951 Il y a 88 touches.
952 Bob Dylan; son vrai nom est Robert Allen Zimmerman.
953 Louis Armstrong; il inventa le style solo en jazz avec ses improvisations audacieuses.
954 Un orchestre symphonique; il y a 200 ans, les orchestres étaient constitués de 30 musiciens mais certaines musiques de la fin du XIXe et du XXe siècles demandent plus de 100 musiciens.

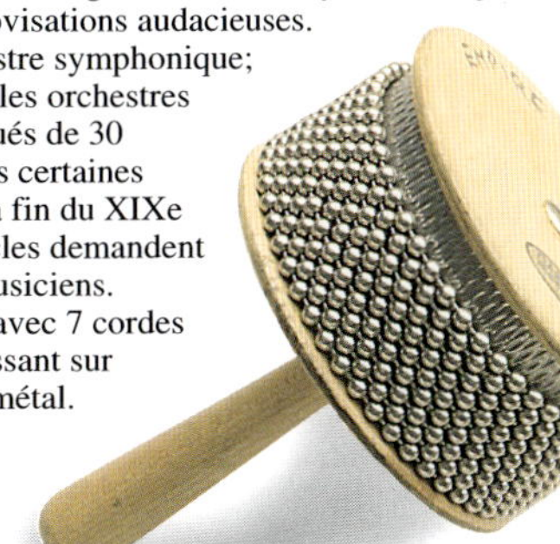

955 Un sitar, avec 7 cordes principales passant sur des frettes en métal.
956 La harpe.
957 Bob Marley; son groupe s'appelait 'The Wailers'.
958 Abba; ils ont ensuite produit 13 autres albums à succès.
959 Il y a 2 violons, un alto et un violoncelle.
960 Il faut souffler de l'air dans la flûte par une narine. On appelle cet instrument une flûte à nez.
961 On souffle dedans et cela produit un son grave et sonore; il s'agit d'un instrument aborigène.
962 Un tambourin; un danseur le martèle de ses doigts et le secoue ou le frappe contre son corps.
963 Il peut produire des voix, des effets sonores et de nouveaux sons jamais entendus auparavant.
964 On la fait tourner autour de son manche.
965 '*Hair*'; la première fut donnée le lendemain de l'abolition de la censure contre le théâtre en Grande-Bretagne.
966 '*West Side Story*' de Leonard Bernstein.
967 En 1970.

Le cinéma, la télévision & le théâtre

968 27 m; un long métrage utilise 2,5 km de film.
969 2; Johnny Weismuller, qui gagna 3 médailles d'or en 1924 et 2 en 1928, et Buster Crabbe, qui remporta une médaille d'or en 1932.
970 William Shakespeare, le plus grand dramaturge anglais, qui écrivit près de 40 pièces de 1588 à 1613.
971 La télévision, par opposition au grand écran, qui est le cinéma.
972 Walt Disney, le plus grand créateur de dessins animés de toute l'Histoire.
973 La Grande-Bretagne; la BBC (British Broadcasting Corporation) lança un service de programmation régulier en 1936.
974 Parce que les images projetées étaient filmées sur trois pellicules en même temps, enregistrant le rouge, le bleu et le vert séparément. Un procédé d'impression spécial permettait de rassembler ensuite les couleurs.
975 Une tragédie; la comédie et la tragédie théâtrales virent le jour à Athènes durant l'Antiquité.
976 La Coupe du monde de football, bien que les Jeux olympiques bénéficient aussi d'un taux d'écoute très élevé.
977 C'était le premier film parlant, bien que la majeure partie fût muette. Le premier film entièrement parlant date de 1929.
978 Dans un théâtre; les loges sont sur le côté et offrent une excellente vue. Les fauteuils d'orchestre sont les plus bas et surmontés successivement du premier et du deuxième balcons.
979 Un scénario, écrit par un scénariste.
980 Dans la Grèce antique; c'est à Athènes que furent créées les premières pièces de théâtre similaires à celles d'aujourd'hui. Bon nombre de ces pièces athéniennes âgées de 2.500 ans sont encore représentées aujourd'hui.
981 Sherlock Holmes, qui est apparu dans plus de 200 films, tandis que Dracula en a 150 à son actif.
982 Le premier service de transmission par satellite fut lancé.
983 24; un long métrage moyen de 90 minutes contient environ 130.000 images différentes.
984 Pour créer l'image mobile; quand il était mû rapidement, les images peintes semblaient ne former qu'une seule image mobile sur l'écran. Il fut créé par un Français en 1877.
985 Une télévision miniature.
986 Hollywood.
987 Steven Spielberg, à qui l'on doit également '*Les Aventuriers de l'Arche perdue*'; George Lucas a notamment produit la série 'La Guerre des étoiles' (et a réalisé le premier film).
988 25 fois par seconde en moyenne. La télévision de John Logie Baird de 1926 projetait une nouvelle image 10 fois par seconde.
989 Un microphone; la girafe est la longue perche articulée qui supporte un microphone et que l'on déplace pour suivre une source sonore mobile.
990 Le bruit que l'on entend quand on coupe un bras ou une jambe.
991 En France, par la société Pathé, qui fabriquait aussi des projecteurs et produisait des films d'actualités.
992 'Coupez!'; pour relancer le tournage, il dit 'Action!'.
993 En Inde, où plus de 900 longs métrages furent produits en un an.
994 La Chine, qui enregistra un taux de fréquentation des cinémas de plus de 20 milliards en un an.
995 '*Ben Hur*', réalisé en 1959.
996 Une tortue héroïque, dans '*Teenage Muta Ninja Turtles*' de 1990.
997 Dracula; héros de films d'horreur depuis 1921.
998 Charlie Chaplin, star du cinéma muet, portait ces chaussures dans '*Le Pèlerin*'.
999 Marilyn Monroe portait cette robe dans '*Certains l'aiment chaud*'.
1000 La Panthère Rose, symbole des films de la Panthère Rose et star de dessins animés télévisés.
1001 Un gremlin, du film '*Gremlins*'.

Index

Remerciements

Le Ballon et Dorling Kindersley remercient les personnes suivantes:
Peter Anderson, Geoff Brightling, Jane Burton, Peter Chadwick, Andy Crawford, Geoff Dann, Philip Dowell, Mike Dunning, Lynton Gardiner, John Garett, Philip Gatward, Christi Graham, Frank Greenaway, Peter Hayman, Chas Howson, Colin Keates, Dave King, Liz McAulay, Andrew McRobb, Ray Moller, Nick Nicholls, Stephen Oliver, Roger Philips, Karl Shone, James Stevenson, Clive Streeter, Harry Taylor, Kim Taylor, Matthew Ward, Jerry Young, and Michel Zabé pour des photos supplémentaires.

The American Museum of Natural History, Arbour Antiques in New York, Ashmolean Museum, Birmingham City Museum, Cambridge Museum, Charles Darwin Museum, INAH.- CNCA, Mexico, Museum of London, Museum of the Moving Image, Natural History Museum, National Maritime Museum, Pitt Rivers Museum, Royal Pavilion, Art Gallery and Museum, Brighton, Smithsonian Institution in Washington D.C., Trustees of the National Museums of Scotland (Scottish United Services Museum), National Railway Museum, Shakespeare Globe Trust, Sir John Soane's Museum, St Bride Printing Library, Trustees of the University Museum of Archaeology and Anthropology, Wallace Collection, Warwick Castle, Worthing Museum and Art Gallery.

Djinn von Noorden pour le support rédactionnel et Ivan Finnegan pour la conception.
Gillian Denton, Claire Gillard, et Phil Wilkinson pour la partie consacrée aux loisirs.
Ingrid Nilsson pour la recherche des illustrations.

Source des illustrations
t en haut, b en bas, c au centre, l à gauche, r à droite.
American Museum of Natural History 27c; Ashmolean Museum 24tl, 31cb; Birmingham City Museum 26br; Bolton Museum 18tl; Bridgeman Art Library/ Nasjonalgalleriet, Oslo 50tr; British Museum 18tr, 19tl, 20 tl, c, tr, cr, bl, 21tl, bl, br; Cambridge Museum 31 cra; Charles Darwin Museum, 25tr; Ermine Street Guard 21tr; Werner Formlan Archive 39tl; Glasgow Museum 40tl; Ronald Grant Archive 55bc (kader); Jim Henson's Creature Shop 55bl (kader); Michael Holford 11cr; Image Bank 49br; INAH Mexican Museum Authority 26c, tr, cl; Ligabue Studies and Researchers, Venetië/ Erizzo Editrice 4/5c; Museum Of London 22tc, 30tl; Museum of the Moving Image 54tl, 55cr (kader), 55tcl, c/ Jim Henson's Creature Shop 55bl (kader); NASA 35c, 43b; National Motor Museum, Beaulieu 40b; National Maritime Museum 25tl, 25tc, 25c, 25cl, 35bl; National Museum of Scotland 31cl, 31cla; National Railway Museum, York 32/3b; Natural History Museum 12tr, 13c, 34br, 34tr; Florence Nightingale Museum 36c; Liberto Perugi 36tl, br; Renault 47c; Pitt Rivers 29tl, br, bl, 31ca, car, tcb, tc; Royal Museum of Scotland 26bl; Science Museum 54c; Smithsonian Institute 37r, br, 40cr, 41br, cr, 43cb; Sir John Soane's Museum 50bl; Wallace Collection 23tc, 24bl; Warwick Castle 28c; Robin Wigington, Arbour Antiques 28 br; Worthing Art Gallery and Museum 31br.